3일 벼락치기 NCS 시리즈는?

스펙 쌓기 경쟁은 과열되고 취

넘 높아지는데…

NCS까지 대비

시죠?

NC

태블릿 PC 좀 큰 스마트폰과 유사한 그립감을 주는

작은 크기와 **얇은 두께**로 휴대성을 살렸지만

꽉 찬 구성으로, **효율성은 UP↑ 공부 시간은 DOWN↓**

3일의 투자로 최고의 결과를 노리는

3일 벼락치기 NCS 직업기초능력평가 6권 시리즈

간편하게
꺼내 푸는
내 손안의 NCS
직업기초능력평가
3일
벼락치기
NCS 직업기초능력평가
한국전력공사
한국가스공사
근로복지공단
LH 한국토지주택공사
우리은행
KB 국민은행

NCS 직업기초능력평가

3일 벼락치기

타임 NCS 연구소

한국가스공사

3일 벼락치기

한국가스공사

인쇄일 2020년 8월 1일 2판 1쇄 인쇄
발행일 2020년 8월 5일 2판 1쇄 발행
등　록 제17-269호
판　권 시스컴2020

발행처 시스컴 출판사
발행인 송인식
지은이 타임 NCS 연구소

ISBN 979-11-6215-522-6 13320
정　가 10,000원

주소 서울시 양천구 목동동로 233-1, 1007호(목동, 드림타워) | **홈페이지** www.siscom.co.kr
E-mail master@siscom.co.kr | **전화** 02)866-9311 | **Fax** 02)866-9312

NCS(국가직무능력표준, 이하 NCS)는 현장에서 직무를 수행하기 위해 요구되는 능력을 국가적 차원에서 표준화한 것으로 2015년부터 공공기관을 중심으로 본격적으로 실시되었습니다. NCS는 2016년 이후 산하기관을 포함한 약 600여 개의 공공기관으로 확대 실시되고, 이중 필기시험은 직업기초능력을 평가합니다.

NCS는 기존의 스펙위주의 채용과정을 줄이고자 실제로 직무에 필요한 능력을 위주로 평가하여 인재를 채용하겠다는 국가적 방침입니다. 기존의 공사 · 공단 등의 적성검사는 NCS 취지가 반영된 형태로 변하고 있기 때문에 변화하는 양상에 맞추어 시험을 준비해야 합니다.

필기시험의 내용으로 대체되는 직업기초능력은 총 10개 과목으로 출제기관마다 이 중에서 대략 5~6개의 과목을 선택하고 시험을 치르며 주로 의사소통능력, 수리능력, 문제해결능력을 선택합니다.

본서는 공사 · 공단 대비 수험서로, 직업기초능력을 NCS 공식 홈페이지의 자료로 연구하여 필요한 이론을 요약 정리하여 수록하였고, 실전 모의고사를 통해 학습자의 실력을 스스로 확인해 볼 수 있게 준비하였습니다.

예비 공사 · 공단인들에게 아름다운 합격이 함께하길 기원하겠습니다.

타임 NCS 연구소

1 NCS(기초직업능력평가)란 무엇인가?

1. 표준의 개념

국가직무능력표준(NCS, national competency standards)은 산업현장에서 직무를 수행하기 위해 요구되는 지식 · 기술 소양 등의 내용을 국가가 체계화한 것으로 산업현장의 직무를 성공적으로 수행하기 위해 필요한 능력(지식, 기술, 태도)을 국가적 차원에서 표준화한 것을 의미합니다.

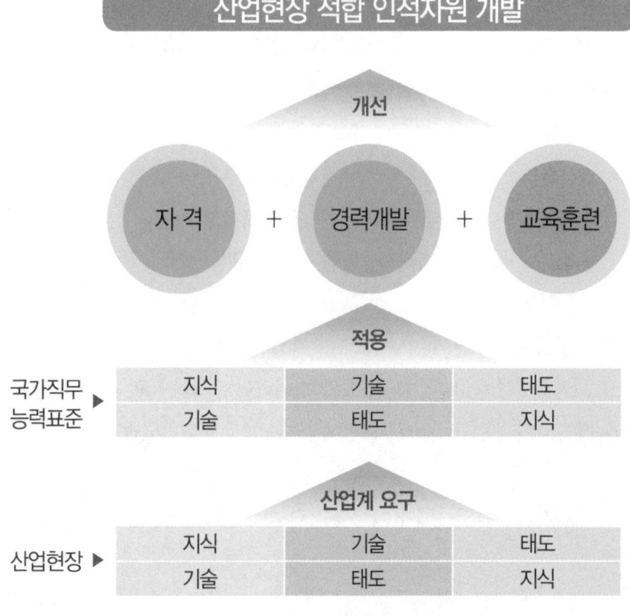

〈국가직무능력표준 개념도〉

2. 표준의 특성

| 한 사람의 근로자가 해당 직업 내에서 소관 업무를 성공적으로 수행하기 위하여 요구되는 실제적인 수행 능력을 의미합니다.

- 직무수행능력 평가를 위한 최종 결과의 내용 반영
- 최종 결과는 '무엇을 하여야 한다' 보다는 '무엇을 할 수 있다'는 형식으로 제시

| 해당 직무를 수행하기 위한 모든 종류의 수행능력을 포괄하여 제시합니다.

- 직업능력 : 특정업무를 수행하기 위해 요구되는 능력
- 직업관리 능력 : 다양한 다른 직업을 계획하고 조직화하는 능력
- 돌발상황 대처능력 : 일상적인 업무가 마비되거나 예상치 못한 일이 발생했을 때 대처하는 능력
- 미래지향적 능력 : 해당 산업관련 기술적 및 환경적 변화를 예측하여 상황에 대처하는 능력

| 모듈(Module)형태의 구성

- 한 직업 내에서 근로자가 수행하는 개별 역할인 직무능력을 능력단위(unit)화하여 개발
- 국가직무능력표준은 여러 개의 능력단위 집합으로 구성

| 산업계 단체가 주도적으로 참여하여 개발

- 해당분야 산업별인적자원개발협의체(SC), 관련 단체 등이 참여하여 국가직무능력표준 개발

- 산업현장에서 우수한 성과를 내고 있는 근로자 또는 전문가가 국가직무능력표준 개발 단계마다 참여

3. 표준의 활용 영역

- 국가직무능력표준은 산업현장의 직무수요를 체계적으로 분석하여 제시함으로써 '일-교육 · 훈련-자격'을 연결하는 고리 즉 인적자원개발의 핵심 토대로 기능

〈국가직무능력표준의 기능〉

- 국가직무능력표준은 교육훈련기관의 교육훈련과정, 직업능력개발 훈련기준 및 교재 개발 등에 활용되어 산업수요 맞춤형 인력양성에 기여합니다. 또한, 근로자를 대상으로 경력개발, 경로개발, 직무기술서, 채용 · 배치 · 승진 체크리스트, 자가진단도구로 활용 가능합니다.
- 한국산업인력공단에서는 국가직무능력표준을 활용하여 교육훈련과정, 훈련기준, 자격종목 설계, 출제기준 등 제 · 개정 시 활용합니다.
- 한국직업능력개발원에서는 국가직무능력표준을 활용하여 전문대학 및 마이스터고 · 특성화고 교과과정을 개편합니다.

2 NCS 구성

능력단위

- 직무는 국가직무능력표준 분류체계의 세분류를 의미하고, 원칙상 세분류 단위에서 표준이 개발됩니다.
- 능력단위는 국가직무능력표준 분류체계의 하위단위로서 국가직무능력표준의 기본 구성요소에 해당됩니다.

〈국가직무능력표준 능력단위 구성〉

- 능력단위는 능력단위분류번호, 능력단위정의, 능력단위요소(수행준거, 지식 · 기술 · 태도), 적용범위 및 작업상황, 평가지침, 직업기초능력으로 구성

구성항목	내 용
1. 능력단위 분류번호 (Competency unit code)	– 능력단위를 구분하기 위하여 부여되는 일련번호로서 14자리로 표현
2. 능력단위명칭 (Competency unit title)	– 능력단위의 명칭을 기입한 것
3. 능력단위정의 (Competency unit description)	– 능력단위의 목적, 업무수행 및 활용범위를 개략적으로 기술
4. 능력단위요소 (Competency unit element)	– 능력단위를 구성하는 중요한 핵심 하위능력을 기술
5. 수행준거 (Performance criteria)	– 능력단위요소별로 성취여부를 판단하기 위하여 개인이 도달해야 하는 수행의 기준을 제시
6. 지식 · 기술 · 태도 (KSA)	– 능력단위요소를 수행하는 데 필요한 지식 · 기술 · 태도
7. 적용범위 및 작업상황 (Range of variable)	– 능력단위를 수행하는 데 있어 관련되는 범위와 물리적 혹은 환경적 조건 – 능력단위를 수행하는 데 있어 관련되는 자료, 서류, 장비, 도구, 재료
8. 평가지침 (Guide of assessment)	– 능력단위의 성취여부를 평가하는 방법과 평가 시 고려되어야 할 사항
9. 직업기초능력 (Key competency)	– 능력단위별로 업무 수행을 위해 기본적으로 갖추어야 할 직업능력

핵심이론

NCS 직업기초능력평가를 준비하기 위해 각 기업이 선택한 영역에 대한 핵심이론을 요약하여 수록하였다.

한국가스공사 직업기초능력평가

의사소통능력

1. 의사소통능력

(1) 의사소통 능력이란?

① 두 사람 또는 그 이상의 사람들 사이에서 일어나는 의사 전달 및 상호 교류를 의미하며, 어떤 개인 또는 집단에게 정보·감정·사상·의견 등을 전달하고 받아들이는 과정을 의미 한다.

② 한사람이 일방적으로 상대방에게 메시지를 전달하는 과정이 아니라

기출유형문제

최신 출제 경향을 최대 반영한 실전모의고사 형태의 대표유형 문제들을 수록하여 학습을 마무리한 후 최종점검을 할 수 있도록 하였다.

한국가스공사 직업기초능력평가

문항수	시험시간
50문항	60분

01 다음 기사의 내용에 대한 설명으로 적절하지 않은 것은?

한국가스공사는 지구온난화를 막고 미세먼지를 감축하기 위해 천연가스 확대 노력에 나섰다.

천연가스는 액화과정에서 분진·황·질소 등이 제거돼 공해물질이 거의 발생하지 않는 친환경 에너지다. 발화온도가 높아 폭발 위험이 적은데다 연탄·석유보다 열효율이 높고 배관으로 공급돼 수송 수단, 저장 공간도 필요 없다. 이 같은 천연가스의 장점은 파리기후협약에 따라 정부가 제8차 전력수급기본계획, 13차 장기천연가스수급계획을 수행하는 데 적합할 것으로 보인다.

가스공사도 LNG발전 비중을 올해 1652만t에서 2031년 1709만t으로 확대하겠다는 정부 정책에 맞춰 산업용 천연가스 요금을 종전대비 10.2% 인하하기로 했다. 경기와 경

정답 및 해설

이론을 따로 참고하지 않아도 명쾌하게 이해할 수 있도록 상세한 설명과 오답해설을 함께 수록하여 학습한 내용을 체크하고 시험에 완벽히 대비할 수 있도록 하였다.

⑤의 앞부분의 내용은 식물과 동물, 사람의 부류는 외양의 같고 다름에 따른다는 것인데, 이는 글의 내용과 상반된다. 둘째 단락의 후반부에서 '모습의 '같고 다름'은 부류의 '같고 다름'에 말미암은 것입니다'라고 하였는데, 이는 외양의 같고 다름은 부류의 같고 다름에 따른다는 내용이므로 글의 내용과 부합하지 않는다. 글에서 외양의 같고 다름은 부류의 같고 다름에 따르며, 부류의 같고 다름은 본성에 따르고, 본성의 같고 다름은 혼에 따른다고 하였다.

① 첫째 단락에서 각혼의 기능을 '이것은 부여받은 존재를 생장시키고 또한 눈과 귀로 보고 듣게 하여 입과 코로 맛보고 냄새를 맡게 하고 다리와 몸으로 사물들의 실정을 느끼게 합니다'라고 제시하였고, 영혼의 기능을 '이것은 생혼과 각혼의 기능을 함께 갖추어 생장하게 하여 사물의 실정을 느끼게 하고, 또한 이를 부여받은 존재들로 하여금 사물들을 추론하여 '이치'를 명백히 분석하게 합니다'라고 제시하여 양자를 구분하였다. 그리고 둘째 단락에서 이러한 기능의 차이로 인해 각각의 혼은 하나로 할 수 없다고 하였다(둘째 단락의 첫 문장 '만약 짐승의 혼과 사람의 혼을 하나로 하면, 혼에는 단지 두 종류만 있다는 것이기 때문에 세상의 통론(通論)을 어지럽히는 것이 아니겠습니까?' 참고). 따라서 ①은 글의 내용에 부합한다.

② 둘째 단락의 후반부에서 부류의 같고 다름은 모습의 같고 다름이 아니라 본성의 같고 다름 때문이라 하였다(둘째 단락 후반부의 '부류의 '같고 다름'은 본성의 '같고 다름'에 말미암은 것입니다. 모습의 '같고 다름'은 부류의 '같고 다름'에 말미암은 것입니다' 참고). 따라서 ②의 내용도 글의 내용과 부합한다.

③·④ 첫째 단락에서 제시된 내용을 통해 알 수 있는 내용이다. 즉, 첫째 단락 후반부에서 영혼의 기능으로 '최상급이 영혼(靈魂)입니다. 이것은 생혼과 각혼의 기능을 함께 갖추어 생장하게 하여 사물

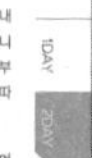

차 례

1 day

이론

의사소통능력 18
수리능력 25
문제해결능력 31
자원관리능력 34
정보능력 36

직업기초능력평가 1회 40

3 day

직업기초능력평가 2회 106
(영역 통합형 – 의사소통능력 / 수리능력 / 문제해결능력 / 자원관리능력 / 정보능력)

부록

공공기관 174
인성검사 179
면접 189

1 KOGAS

국민생활에 기여하는 청정에너지 기업!

천연가스를 국민에게 안전하고 안정적으로 공급하기 위해 "좋은 에너지, 더 좋은 세상"을 기업이념으로 1983년에 설립된 대표적인 에너지 공기업입니다.

KOGAS의 주요업무는 LNG 인수기지와 천연가스 공급배관망을 건설하고 해외에서 LNG를 수입하여 인수기지에서 재기화한 후 도시가스사와 발전소에 안정적으로 공급하는 것입니다.
LNG는 주로 중동아시아(카타르, 오만, 예멘, 이집트), 동남아시아(인도네시아, 말레이시아, 브루나이), 러시아(사할린), 호주, 미국 등에서 도입하고 있습니다.

KOGAS는 국민생활의 편익증진 및 복리향상을 위해 "전국천연가스 공급사업"을 지속적으로 추진하여 1986년 평택화력발전에 천연가스를 공급한 이래, 1987년 수도권 지역, 1993년 중부권 지역, 1995년 영 · 호남 지역, 1999년 서해권 지역, 2002년 강원권 지역에 천연가스 공급을 시작하였습니다. 전국적인 주배관 건설공사가 완료됨에 따라 하나의 환상망을 구축하여 안정적으로 가스를 공급할 수 있게 되었습니다. 더 나아가 2009년부터는 미공급지역에 가스를 공급하고, 2019년 제주권 천연가스 공급을 개시하는 등 에너지 복지 구현 및 지역균형 발전에 기여하고자 공급망 확대사업을 추진하여 현재 운영 중인 배관길이는 2019. 12월 기준 총 4,908km이며 2019.10월 기준 210개 시군 18,606천 세대(보급률 83.1%)에 천연가스를 공급 · 운영하고 있습니다.

2 지원자격(일반직 신입기준)

<table>
<tr><th>구분</th><th colspan="6">지원자격</th></tr>
<tr><td rowspan="4">일반직 6급
(사무/기술)</td><td colspan="6">▶ 학력, 전공 제한 없음
▶ 연령 제한 없음(단, 공사 임금피크제도에 따라 만 58세 미만인 자)
▶ 어학 : 유효 영어성적 보유자</td></tr>
<tr><td>토익</td><td>텝스(기존)</td><td>New 텝스</td><td>토플</td><td>오픽</td><td>토익스피킹</td></tr>
<tr><td>700점 이상</td><td>555점 이상</td><td>300점 이상</td><td>79점 이상</td><td>IM2 이상</td><td>120점 이상</td></tr>
<tr><td colspan="6">※ 2018.7.1.부터 응시하고 2020.6.1.까지 발표한 국내 정기시험 성적만 인정. 단, 코로나-19로 인해 한시적으로 2018.1.1.~2018.4.30. 응시한 토익, 텝스 및 한국가스공사 어학성적 사전등록을 통해 확인받은 점수를 유효성적으로 인정</td></tr>
<tr><td>기타</td><td colspan="6">▶ 남성의 경우, 군필 또는 병역 면제자
▶ 일반직(신입) 기술직군의 경우는 성별무관 교대근무 가능한 자
▶ 한국가스공사 인사규정 제5조의 결격사유에 해당하지 아니한 자
▶ 공공기관에 부정한 방법으로 채용된 사실이 적발되어 합격취소, 직권면직 또는 파면 · 해임된 후 5년이 경과하지 아니한 자는 지원 제한</td></tr>
</table>

3 우대사항

구분	우대내용
고급자격증 소지자	서류전형 시 어학성적 충족조건 면제 및 필기전형 직무수행능력에서 만점의 10% 가점부여
본사이전 지역인재	전형단계별 본사이전 지역인재의 합격자인원이 목표인원에 미달 시 추가합격처리
취업지원 대상자(국가보훈)	전형단계별 만점의 5% 또는 10% 가점부여
장애인 등록자	전형단계별 만점의 10% 가점부여
저소득층, 북한이탈주민, 다문화가족	전형단계별 만점의 5% 가점부여

4 전형절차

원서접수 – 서류전형 – 필기전형 – 면접전형 – 기초연수 – 수습채용

5 유의사항

- 채용관련 청탁자, 비리연루자 및 부정합격자는 『부정청탁금지법』 등 관련법령에 따라 처리되며, 향후 5년간 全 공공기관 채용시험에 응시자격이 제한됩니다.(입사 후 발견되는 경우 징계해고 또는 직권면직 처리)
- 모집분야별 및 직급별 중복지원은 불가합니다.
- 입사지원서 작성 시 직 · 간접적으로 학교명, 가족관계, 출신지역 등 개인인적사항이 입력될 경우 불이익을 받을 수 있으므로 유의하시기 바라며, 발견될 경우 면접전형 단계에서 임의로 블라인드 처리됩니다.
- 접수마감 시간에는 동시접속에 의한 시스템 장애로 접수가 제한될 수 있으므로 시간여유를 두고 지원하시기 바랍니다.
- 입사지원서 작성 시 기재착오, 내용누락으로 인한 불이익은 지원자 본인의 책임이므로 유의하여 작성하시기 바랍니다.
- 각 전형 시 공인신분증(주민등록증, 유효기간 만료 전 여권, 운전면허증, 주민등록 발급신청서에 한함)을 반드시 지참하여야 하며, 기타 신분증(학생증, 자격증 등)으로는 응시가 제한됩니다.

※ 자세한 사항은 당사 홈페이지를 참조하시기 바랍니다.

한국가스공사 직업기초능력평가

이론 한국가스공사 직업기초능력평가

의사소통능력

1. 의사소통능력

(1) 의사소통 능력이란?

① 두 사람 또는 그 이상의 사람들 사이에서 일어나는 의사 전달 및 상호 교류를 의미하며, 어떤 개인 또는 집단에게 정보 · 감정 · 사상 · 의견 등을 전달하고 받아들이는 과정을 의미 한다.

② 한사람이 일방적으로 상대방에게 메시지를 전달하는 과정이 아니라 상대방과의 상호작용을 통해 메시지를 다루는 과정이므로, 성공적인 의사소통을 위해서는 자신이 가진 정보와 의견을 상대방이 이해하기 쉽게 표현해야 할 뿐 아니라 상대방이 어떻게 받아들일 것인가에 대해서도 고려해야 한다.

③ **의사소통의 기능** : 조직과 팀의 효율성과 효과성을 성취할 목적으로 이루어지는 정보 및 지식의 전달 과정으로써, 여러 사람의 노력으로 공동의 목표를 추구해 나가는 집단의 기본적인 존재 기반이자 성과를 결정하는 핵심 기능을 한다.

④ **의사소통의 중요성** : 제각기 다른 사람들의 시각 차이를 좁혀주며, 선입견을 줄이거나 제거해 주는 수단이다.

(2) 의사소통능력의 종류

① **문서적인 측면**

㉠ **문서이해능력** : 업무에 관련된 문서를 통해 구체적인 정보를 획득 · 수집 · 종합하는 능력

㉡ **문서작성능력** : 상황과 목적에 적합한 문서를 시각적 · 효과적으로 작성하는 능력

② 언어적인 측면

㉠ **경청능력** : 원활한 의사소통의 방법으로, 상대방의 이야기를 듣고 의미를 파악하는 능력

㉡ **의사표현력** : 자신의 의사를 상황과 목적에 맞게 설득력을 가지고 표현하는 능력

(3) 바람직한 의사소통을 저해하는 요인

① '일방적으로 말하고', '일방적으로 듣는' 무책임한 마음

→ 의사소통 기법의 미숙, 표현 능력의 부족, 이해 능력의 부족

② '전달했는데', '아는 줄 알았는데'라고 착각하는 마음

→ 평가적이며 판단적인 태도, 잠재적 의도

③ '말하지 않아도 아는 문화'에 안주하는 마음

→ 과거의 경험, 선입견과 고정관념

(4) 의사소통능력 개발

① 사후검토와 피드백 활용

② 언어의 단순화

③ 적극적인 경청

④ 감정의 억제

(5) 인상적인 의사소통

① 인상적인 의사소통이란, 의사소통 과정에서 상대방에게 같은 내용을 전달한다고 해도 이야기를 새롭게 부각시켜 좋은 인상을 주는 것이다.

② 상대방이 '과연'하며 감탄하도록 내용을 전달하는 것이다.

③ 자신에게 익숙한 말이나 표현만을 고집스레 사용하면 전달하고자 하는 이야기의 내용에 신선함과 풍부함, 또는 맛깔스러움이 떨어져 의사

소통에 집중하기가 어렵다. 상대방의 마음을 끌어당길 수 있는 표현법을 많이 익히고 이를 활용해야 한다.

④ 자신을 인상적으로 전달하려면, 선물 포장처럼 자신의 의견도 적절히 꾸미고 포장할 수 있어야 한다.

2. 문서이해능력

(1) 문서이해능력이란?

① 작업현장에서 자신의 업무와 관련된 인쇄물이나 기호화된 정보 등 필요한 문서를 확인하여 문서를 읽고, 내용을 이해하여 요점을 파악하는 능력이다.

② 문서에서 주어진 문장이나 정보를 읽고 이해하여 자신에게 필요한 행동이 무엇인지 추론할 수 있어야 하며 도표, 수, 기호 등도 이해하고 표현할 수 있는 능력을 의미한다.

(2) 문서의 종류와 용도

① **공문서** : 정부 행정기관에서 대내외적 공무를 집행하기 위해 작성하는 문서

② **기획서** : 적극적으로 아이디어를 내고 기획해 하나의 프로젝트를 문서 형태로 만들어, 상대방에게 기획의 내용을 전달하고 기획을 시행하도록 설득하는 문서

③ **기안서** : 회사의 업무에 대한 협조를 구하거나 의견을 전달할 때 작성하며 흔히 사내 공문서로 불림

④ **보고서** : 특정한 일에 관한 현황이나 그 진행 상황 또는 연구 · 검토 결과 등을 보고할 때 작성하는 문서

⑤ **설명서** : 상품의 특성이나 사물의 성질과 가치, 작동 방법이나 과정을 소비자에게 설명하는 것을 목적으로 작성하는 문서

⑥ **보도자료** : 정부 기관이나 기업체, 각종 단체 등이 언론을 상대로 자신

들의 정보가 기사로 보도되도록 하기 위해 보내는 자료

⑦ **자기소개서** : 개인의 가정환경과 성장과정, 입사 동기와 근무자세 등을 구체적으로 기술하여 자신을 소개하는 문서

⑧ **비즈니스 레터(E-mail)** : 사업상의 이유로 고객이나 단체에 편지를 쓰는 것이며, 직장 업무나 개인 간의 연락, 직접 방문하기 어려운 고객 관리 등을 위해 사용되는 문서이나, 제안서나 보고서 등 공식적인 문서를 전달하는 데도 사용된다.

⑨ **비즈니스 메모** : 업무상 필요한 중요한 일이나 앞으로 체크해야 할 일이 있을 때 필요한 내용을 메모 형식으로 작성하여 전달하는 글이다.

(3) 문서 이해의 구체적 절차

① 문서의 목적 이해하기

② 문서가 작성된 배경과 주제 파악하기

③ 문서에 쓰여진 정보를 밝혀내고 문제가 제시하고 있는 현안문제 파악하기

④ 문서를 통해 상대방의 욕구와 의도 및 나에게 요구하는 행동에 관한 내용 분석하기

⑤ 문서에서 이해한 목적 달성을 위해 취해야 할 행동을 생각하고 결정하기

⑥ 상대방의 의도를 도표나 그림 등으로 메모하여 요약 · 정리해보기

(4) 문서이해를 위해 필요한 사항

① 각 문서에서 꼭 알아야 하는 중요한 내용만을 골라 필요한 정보를 획득하고 수집, 종합하는 능력

② 다양한 종류의 문서를 읽고, 구체적인 절차에 따라 이해하고 정리하는 습관을 들여 문서이해능력과 내용종합능력을 키워나가는 노력

③ 책이나 업무에 관련된 문서를 읽고, 나만의 방식으로 소화하여 작성할 수 있는 능력

3. 문서작성능력

(1) 문서작성능력이란?

① 직업생활에서 목적과 상황에 적합한 아이디어나 정보를 전달할 수 있도록 문서를 작성할 수 있는 능력이다.

② 문서작성을 할 때에는 문서를 왜 작성해야 하며, 문서를 통해 무엇을 전달하고자 하는지를 명확히 한 후에 작성해야 한다.

③ 문서작성 시에는 대상, 목적, 시기, 기대효과(기획서나 제안서 등의 경우)가 포함되어야 한다.

④ 문서작성의 구성요소

㉠ 품위 있고 짜임새 있는 골격

㉡ 객관적이고 논리적이며 체계적인 내용

㉢ 이해하기 쉬운 구조

㉣ 명료하고 설득력 있는 구체적인 문장

㉤ 세련되고 인상적이며 효과적인 배치

(2) 종류에 따른 문서작성법

공문서	• 누가, 언제, 어디서, 무엇을, 어떻게(왜)가 정확하게 드러나야 한다. • 날짜 작성 시 연도와 월일을 함께 기입하며 날짜 다음에 괄호를 사용할 경우에는 마침표를 찍지 않는다. • 내용은 한 장에 담아내는 것이 원칙이다. • 마지막에는 반드시 '끝'자로 마무리 한다. • 복잡한 내용은 항목 별로 구분한다.('－다음－' 또는 '－아래－') • 대외문서이고 장기간 보관되는 문서이므로 정확하게 기술한다.
설명서	• 명령문보다는 평서형으로 작성한다. • 정확하고 간결하게 작성한다. • 소비자들이 이해하기 어려운 전문용어는 가급적 사용을 삼간다. • 복잡한 내용은 도표를 통해 시각화하여 이해도를 높인다. • 동일한 문장 반복을 피하고 다양하게 표현하는 것이 좋다.

기획서	• 핵심 사항을 정확하게 기입하고, 내용의 표현에 신경 써야 한다. • 상대방이 요구하는 것이 무엇인지 고려하여 작성한다. • 내용이 한눈에 파악되도록 체계적으로 목차를 구성한다. • 효과적인 내용전달을 위해 표나 그래프 등의 시각적 요소를 활용한다. • 충분히 검토를 한 후 제출하도록 한다. • 인용한 자료의 출처가 정확한지 확인한다.
보고서	• 진행과정에 대한 핵심내용을 구체적으로 제시한다. • 내용의 중복을 피하고 핵심사항만 간결하게 작성한다. • 참고자료는 정확하게 제시한다. • 내용에 대한 예상 질문을 사전에 추출해보고, 그에 대한 답을 미리 준비한다.

(3) 문서작성의 원칙

① 문장은 짧고 간결하게 작성한다.

② 상대방이 이해하기 쉽게 쓴다.

③ 한자의 사용은 자제한다.

④ 긍정문으로 작성한다.

⑤ 간단한 표제를 붙인다.

⑥ 문서의 주요한 내용을 먼저 쓴다.

(4) 문서작성 시 주의사항

① 육하원칙에 의해서 써야 한다.

② 문서의 작성시기가 중요하다.

③ 하나의 사항을 한 장의 용지에 작성해야 한다.

④ 문서작성 후 반드시 내용을 검토해야 한다.

⑤ 첨부자료는 반드시 필요한 자료 외에는 첨부하지 않는다.

⑥ 문서내용 중 금액, 수량, 일자 등의 기재에 정확성을 기해야 한다.

⑦ 문장표현은 작성자의 성의가 담기도록 경어나 단어 사용에 신경을 써야 한다.

(5) 문서표현의 시각화

① **차트 표현** : 개념이나 주제 등을 나타내는 문장표현이나 통계적 수치 등을 한눈에 알아볼 수 있게 표현하는 것이다.

② **데이터 표현** : 수치를 표로 나타내는 것이다.

③ **이미지 표현** : 전달하고자 하는 내용을 그림이나 사진 등으로 나타내는 것이다.

④ 문서를 시각화 하는 포인트

㉠ 보기 쉬워야 한다.

㉡ 이해하기 쉬워야 한다.

㉢ 다채롭게 표현되어야 한다.

㉣ 숫자를 그래프로 표시한다.

수리능력

1. 수리능력

(1) 수리능력이란?

직장생활에서 요구되는 사칙연산과 기초적인 통계를 이해하고, 도표 또는 자료(데이터)를 정리 · 요약하여 의미를 파악하거나, 도표를 이용해서 합리적인 의사결정을 위한 객관적인 판단근거로 제시하는 능력이다.

(2) 구성요소

① **기초연산능력**

직장생활에서 필요한 기초적인 사칙연산과 계산방법을 이해하고 활용하는 능력

② **기초통계능력**

직장생활에서 평균, 합계, 빈도와 같은 기초적인 통계기법을 활용하여 자료를 정리하고 요약하는 능력

③ **도표분석능력**

직장생활에서 도표(그림, 표, 그래프 등)의 의미를 파악하고, 필요한 정보를 해석하여 자료의 특성을 규명하는 능력

2. 사칙연산

(1) 사칙연산이란?

수 또는 식에 관한 덧셈(+), 뺄셈(−), 곱셈(×), 나눗셈(÷) 네 종류의 계산법이다. 보통 사칙연산은 정수나 분수 등에서 계산할 때 활용되며, 여러 부호가 섞여 있을 경우에는 곱셈과 나눗셈을 먼저 계산한다.

(2) 수의 계산

구분	덧셈(+)	곱셈(×)
교환법칙	$a+b=b+a$	$a\times b=b\times a$
결합법칙	$(a+b)+c=a+(b+c)$	$(a\times b)\times c=a\times(b\times c)$
분배법칙	$(a+b)\times c=a\times c+b\times c$	

3. 검산방법

(1) 역연산

답에서 거꾸로 계산하는 방법으로 덧셈은 뺄셈으로, 뺄셈은 덧셈으로, 곱셈은 나눗셈으로, 나눗셈은 곱셈으로 바꾸어 확인하는 방법이다.

(2) 구거법

어떤 수를 9로 나눈 나머지는 그 수의 각 자리 숫자의 합을 9로 나눈 나머지와 같음을 이용하여 확인하는 방법이다.

4. 단위환산

(1) 단위의 종류

① **길이** : 물체의 한 끝에서 다른 한 끝까지의 거리 (mm, cm, m, km등)
② **넓이(면적)** : 평면의 크기를 나타내는 것 (mm^2, cm^2, m^2, km^2 등)
③ **부피** : 입체가 점유하는 공간 부분의 크기 (mm^3, cm^3, m^3, km^3 등)
④ **들이** : 통이나 그릇 따위의 안에 넣을 수 있는 물건 부피의 최댓값 (㎖, dℓ, ℓ, kℓ 등)

(2) 단위환산표

단위	단위환산
길이	1cm=10mm, 1m=100cm, 1km=1,000m=100,000cm
넓이	$1cm^2=100mm^2$, $1m=10,000cm^2$, $1km^2=1,000,000m^2$

부피	$1cm^3=1,000mm^3$, $1m^3=1,000,000cm^3$, $1km^3=1,000,000,000m^3$
들이	1㎖=$1cm^3$, 1㎗=$100cm^3$=100㎖, 1ℓ=$1,000cm^3$=10㎗
무게	1kg=1,000g, 1t=1,000kg=1,000,000g
시간	1분=60초, 1시간=60분=3,600초
할푼리	1푼=0.1할, 1리=0.01할, 모=0.001할

5. 통계

(1) 통계란?

① 의미

집단현상에 대한 구체적인 양적 기술을 반영하는 숫자를 의미한다. 특히 사회집단 또는 자연집단의 상황을 숫자로 나타낸 것이다.

② 기능

㉠ 많은 수량적 자료를 처리가능하고 쉽게 이해할 수 있는 형태로 축소시킨다.

㉡ 표본을 통해 연구대상 집단의 특성을 유추한다.

㉢ 의사결정의 보조수단이 된다.

㉣ 관찰 가능한 자료를 통해 논리적으로 어떠한 결론을 추출 · 검증한다.

(2) 통계치

① **빈도** : 어떤 사건이 일어나거나 증상이 나타나는 정도

② **빈도 분포** : 어떤 측정값의 측정된 회수 또는 각 계급에 속하는 자료의 개수

③ **평균** : 모든 사례의 수치를 합한 후에 총 사례수로 나눈 값

④ **중앙값** : 크기에 의하여 배열하였을 때 정확하게 중간에 있는 값

⑤ **백분율** : 전체의 수량을 100으로 하여 생각하는 수량이 몇이 되는 가

를 가리키는 수(퍼센트)

(3) 통계의 계산

① **범위** : 최고값−최저값

② **평균** : $\frac{\text{전체 사례 값들의 합}}{\text{총 사례수}}$

③ **분산** : $\frac{(\text{관찰값}-\text{평균})^2\text{의 합}}{\text{총 사례수}}$

④ **표준편차** : $\sqrt{\text{분산}}$

6. 도표

(1) 도표란?

선, 그림, 원 등으로 그림을 그려서 내용을 시각적으로 표현하여 다른 사람이 한 눈에 자신의 주장을 알아볼 수 있게 한 것이다.

(2) 도표의 종류

구분	목적	용도	형상
종류	• 관리(계획 및 통제) • 해설(분석) • 보고	• 경과 그래프 • 내역 그래프 • 비교 그래프 • 분포 그래프 • 상관 그래프 • 계산 그래프 • 기타	• 선(절선) 그래프 • 막대 그래프 • 원 그래프 • 점 그래프 • 층별 그래프 • 레이더 차트 • 기타

(3) 도표의 종류별 활용

① **선(절선) 그래프**

• 시간의 경과에 따라 수량에 의한 변화의 상황을 선(절선)의 기울

기로 나타내는 그래프

• 시간적 추이(시계별 변화)를 표시하는데 적합

예 월별 매출액 추이 변화

② 막대 그래프

• 비교하고자 하는 수량을 막대 길이로 표시하고, 그 길이를 비교하여 각 수량간의 대소 관계를 나타내고자 할 때 가장 기본적으로 활용할 수 있는 그래프

• 내역, 비교, 경과, 도수 등을 표시하는 용도로 활용

예 영업소별 매출액

③ 원 그래프

• 내역이나 내용의 구성비를 원에 분할하여 작성하는 그래프

• 전체에 대한 구성비를 표현할 때 다양하게 활용

예 기업별 매출액 구성비 등

④ 점 그래프

• 지역분포를 비롯하여 도시, 지방, 기업, 상품 등의 평가나 위치, 성격을 표시하는데 활용할 수 있는 그래프

예 각 지역별 광고비율과 이익률의 관계 등

⑤ 층별 그래프

• 선의 움직임 보다는 선과 선 사이의 크기로써 데이터 변화를 나타내는 그래프

• 층별 그래프는 합계와 각 부분의 크기를 백분율로 나타내고 시간적 변화를 보고자 할 때 활용

• 합계와 각 부분의 크기를 실수로 나타내어 시간적 변화를 보고자 할 때 활용

예 월별 · 상품별 매출액 추이 등

⑥ 레이더 차트(거미줄 그래프)

- 비교하는 수량을 직경 또는 반경으로 나누어 원의 중심에서의 거리에 따라 각 수량의 관계를 나타내는 그래프
- 다양한 요소를 비교할 때, 경과를 나타낼 때 활용

예 상품별 매출액의 월별변동 등

문제해결능력

1. 문제해결능력

(1) 문제란?

원활한 업무수행을 위해 해결되어야 하는 질문이나 의논 대상을 의미한다.

※ **문제점** : 문제의 근본원인이 되는 사항으로 문제해결에 필요한 열쇠인 핵심 사항

(2) 문제의 분류

구분	창의적 문제	분석적 문제
문제제시 방법	현재 문제가 없더라도 보다 나은 방법을 찾기 위한 문제 탐구로 문제자체가 명확하지 않음	현재의 문제점이나 미래의 문제로 예견될 것에 대한 문제 탐구로, 문제자체가 명확함
해결 방법	창의력에 의한 많은 아이디어의 작성을 통해 해결	분석, 논리, 귀납과 같은 논리적 방법을 통해 해결
해답 수	해답의 수가 많으며, 많은 답 가운데 보다 나은 것을 선택	답의 수가 적으며, 한정되어 있음
주요 특징	주관적, 직관적, 감각적, 정성적, 개별적, 특수성	객관적, 논리적, 정량적, 이성적, 일반적, 공통성

(3) 문제의 유형

① 기능에 따른 문제 유형

제조문제, 판매문제, 자금문제, 인사문제, 경리문제, 기술상 문제

② 해결방법에 따른 문제 유형

논리적 문제, 창의적 문제

③ 시간에 따른 문제유형

과거문제, 현재문제, 미래문제

④ 업무수행과정 중 발생한 문제유형

발생형 문제 (보이는 문제)	• 눈앞에 발생되어 당장 걱정하고 해결하기 위해 고민하는 문제 • 눈에 보이는 이미 일어난 문제 • 원인지향적인 문제
탐색형 문제 (찾는 문제)	• 현재의 상황을 개선하거나 효율을 높이기 위한 문제 • 눈에 보이지 않는 문제 • 잠재문제, 예측문제, 발견문제
설정형 문제 (미래 문제)	• 미래상황에 대응하는 장래의 경영전략의 문제 • 앞으로 어떻게 할 것인가 하는 문제 • 목표 지향적 문제 • 창조적 문제

2. 문제해결

(1) 문제해결의 정의 및 의의

① 정의

문제해결이란 목표와 현상을 분석하고, 이 분석 결과를 토대로 주요과제를 도출하여 바람직한 상태나 기대되는 결과가 나타나도록 최적의 해결안을 찾아 실행, 평가해 가는 활동을 의미한다.

② 의의

㉠ 조직 측면 : 자신이 속한 조직의 관련분야에서 세계 일류수준을 지향하며, 경쟁사와 대비하여 탁월하게 우위를 확보하기 위해 끊임없는 문제해결 요구

㉡ 고객 측면 : 고객이 불편하게 느끼는 부분을 찾아 개선과 고객감동을 통한 고객만족을 높이는 측면에서 문제해결 요구

㉢ 자기 자신 측면 : 불필요한 업무를 제거하거나 단순화하여 업무를 효율적으로 처리하게 됨으로써 자신을 경쟁력 있는 사람으로 만들어 나가는데 문제해결 요구

(2) 문제해결의 기본요소

① 체계적인 교육훈련

② 문제해결방법에 대한 지식

③ 문제에 관련된 해당지식 가용성

④ 문제해결자의 도전의식과 끈기

⑤ 문제에 대한 체계적인 접근

(3) 문제해결 시 갖추어야할 사고

① **전략적 사고**

현재 당면하고 있는 문제와 그 해결방법에만 집착하지 말고, 그 문제와 해결방안이 상위 시스템 또는 다른 문제와 어떻게 연결되어 있는지를 생각하는 것이 필요하다.

② **분석적 사고**

전체를 각각의 요소로 나누어 그 요소의 의미를 도출한 다음 우선순위를 부여하고 구체적인 문제해결방법을 실행하는 것이 요구된다.

㉠ **성과 지향의 문제** : 기대하는 결과를 명시하고 효과적으로 달성하는 방법을 사전에 구상하고 실행에 옮긴다.

㉡ **가설 지향의 문제** : 현상 및 원인분석 전에 지식과 경험을 바탕으로 일의 과정이나 결과, 결론을 가정한 다음 검증 후 사실일 경우 다음 단계의 일을 수행한다.

㉢ **사실 지향의 문제** : 일상 업무에서 일어나는 상식, 편견을 타파하여 객관적 사실로부터 사고와 행동을 출발한다.

③ **발상의 전환**

기존에 갖고 있는 사물과 세상을 바라보는 인식의 틀을 전환하여 새로운 관점에서 바로 보는 사고를 지향한다.

④ **내 · 외부자원의 효과적인 활용**

문제해결 시 기술, 재료, 방법, 사람 등 필요한 자원 확보 계획을 수립하고 내 · 외부자원을 효과적으로 활용한다.

자원관리능력

(1) 자원관리능력이란?

자원관리능력은 직장생활에서 시간, 예산, 물적자원, 인적자원 등의 자원 가운데 무엇이 얼마나 필요한지를 확인하고, 이용 가능한 자원을 최대한 수집하여 실제 업무에 어떻게 활용할 것인지를 계획하고, 계획대로 업무 수행에 이를 할당하는 능력이다.

(2) 자원의 종류

① **시간관리능력** : 기업 활동에서 필요한 시간자원을 파악하고, 시간자원을 최대한 확보하여 실제 업무에 어떻게 활용할 것인지에 대한 시간계획을 수립하고, 이에 따라 시간을 효율적으로 활용하여 관리하는 능력

② **예산관리능력** : 기업 활동에서 필요한 예산을 파악하고, 예산을 최대한 확보하여 실제 업무에 어떻게 활용할 것인지에 대한 예산계획을 수립하고, 이에 따른 예산을 효율적으로 집행하여 관리하는 능력

③ **물적자원관리능력** : 기업 활동에서 필요한 물적자원(재료, 시설자원 등)을 파악하고, 물적자원을 최대한 확보하여 실제 업무에 어떻게 활용할 것인지에 대한 계획을 수립하고, 이에 따른 물적자원을 효율적으로 활용하여 관리하는 능력

④ **인적자원관리능력** : 기업 활동에서 필요한 인적자원을 파악하고, 인적자원을 최대한 확보하여 실제 업무에 어떻게 배치할 것인지에 대한 예산계획을 수립하고, 이에 따른 인적자원을 효율적으로 배치하여 관리하는 능력

(3) 자원관리의 과정

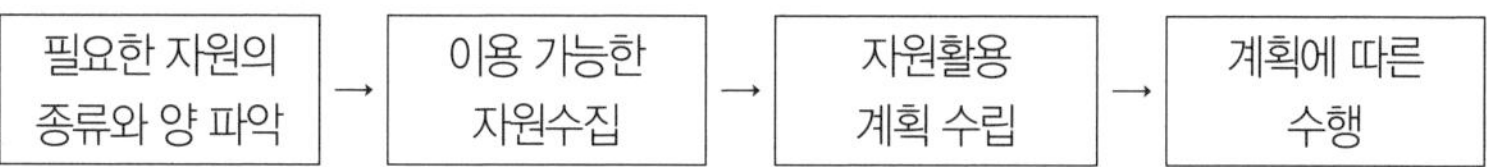

(4) 자원의 낭비 요인

① **비계획적 행동** : 자원 활용에 대한 계획 없이 충동적이고 즉흥적으로 행동하는 경우

② **편리성 추구** : 자원의 활용 시 자신의 편리함을 최우선으로 추구하는 경우

③ **자원에 대한 인식 부재** : 자신이 중요한 자원을 가지고 있다는 인식이 없는 경우

④ **노하우 부족** : 자원관리의 중요성은 알고 있으나 효과적으로 수행하는 방법을 알지 못하는 경우

정보능력

(1) 정보능력이란?

직장생활에서 컴퓨터를 활용하여 수많은 정보 중에서 필요한 정보를 수집하고, 분석하며, 매일 수십 개의 정보가 생성 · 소멸될 정도로 변화가 빠른 정보화시대에서 정보능력은 필수적이다.

(2) 자료 · 정보 · 지식의 차이

구분	내용	활용예시
자료	• 정보작성을 위하여 필요한 데이터 • 객관적 실제의 반영이며, 그것을 전달 할 수 있도록 기호화 한 것	• 고객의 주소, 성별, 이름, 나이, 스마트폰 기종, 스마트폰 활용 횟수 등
정보	• 자료를 특정한 목적과 문제해결에 도움이 되도록 가공한 것	• 중년층의 스마트폰 기종 • 중년층의 스마트폰 활용 횟수
지식	• 정보를 집적하고 체계화하여 장래의 일반적인 사항에 대비해 보편성을 갖도록 한 것	• 스마트폰 디자인에 대한 중년층의 취향 • 중년층을 주요 타깃으로 신종 스마트폰 개발

(3) 정보화 사회

① 정보화 사회란?

이 세상에서 필요로 하는 정보가 사회의 중심이 되는 사회로서 컴퓨터 기술과 정보통신 기술을 활용하여 사회 각 분야에서 필요로 하는 가치 있는 정보를 창출하고, 보다 유익하고 윤택한 생활을 영위하는 사회로 발전시켜 나가는 것을 의미한다.

② 미래의 사회

㉠ 부가가치 창출요인이 토지, 자본, 노동에서 지식 및 정보 생산 요소로 전환

※ 미래사회를 이끌어갈 주요산업 (6T) : 정보기술(IT), 생명공학(BT), 나노기술(NT), 환경기술(ET), 문화산업(CT), 우주항공기술(ST)

㉡ 세계화의 진전

세계화는 모든 국가의 시장이 국경 없는 하나의 세계 시장으로 통합됨을 의미한다. 이때 세계 시장에서 실물 상품뿐만 아니라 노동, 자본, 기술 등의 생산요소와 교육과 같은 서비스의 국제 교류도 모두 포함된다.

㉢ 지식의 폭발적인 증가

미래사회에서는 지식 특히, 과학적 지식이 폭발적으로 증가할 것이다. 2050년경이 되면 지식이 급증하여 지금의 지식은 1% 밖에 사용할 수 없게 될 것이라고 전망하는 미래학자도 있다.

③ 정보화 사회에서 필수적으로 해야 할 일

㉠ 정보검색

㉡ 정보관리

㉢ 정보전파

(4) 컴퓨터의 활용

① 기업 경영 분야에서의 활용

생산에서부터 판매, 회계, 재무, 인사 및 조직관리는 물론 금융 업무까지도 활용하고 있다. 특히 경영정보시스템(MIS), 의사결정지원시스템(DSS), 사무자동화(OA), 전자상거래(EC)등을 이용하여 업무처리의 효율을 높이고 있다.

② 행정 분야에서의 활용

행정기관에서 민원처리, 각종 행정 통계 등의 여러 가지 행정에 관련된 정보를 데이터베이스를 구축하여 활용하고 있다.

③ 산업 분야에서의 활용

공업, 상업 등 각 분야에서 널리 활용될 뿐만 아니라 중요한 역할을 담당하고 있다. 특히 컴퓨터 이용 설계(CAD)와 컴퓨터 이용 생산(CAM) 등을 이용하여 제품의 경쟁력을 높이고 있다.

④ 기타 분야에서의 활용

컴퓨터는 교육, 연구소, 출판, 가정, 도서관, 예술 분야 등에서도 널리 활용되고 있다. 특히 교육에서 컴퓨터 보조 교육(CAI), 컴퓨터 관리 교육(CMI)와 복잡한 계산이나 정밀한 분석 및 실험 등의 여러 가지 형태로 이용되고 있다.

한국가스공사 직업기초능력평가

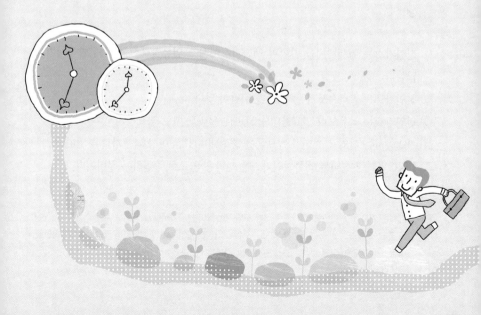

제1회 한국가스공사 직업기초능력평가

문항수	시험시간
50문항	60분

01 다음 기사의 내용에 대한 설명으로 적절하지 않은 것은?

한국가스공사는 지구온난화를 막고 미세먼지를 감축하기 위해 천연가스 확대 노력에 나섰다.

천연가스는 액화과정에서 분진 · 황 · 질소 등이 제거돼 공해물질이 거의 발생하지 않는 친환경 에너지다. 발화온도가 높아 폭발 위험이 적은데다 연탄 · 석유보다 열효율이 높고 배관으로 공급돼 수송 수단, 저장 공간도 필요 없다. 이 같은 천연가스의 장점은 파리기후협약에 따라 정부가 제8차 전력수급기본계획, 13차 장기천연가스수급계획을 수행하는 데 적합할 것으로 보인다.

가스공사도 LNG발전 비중을 올해 1652만t에서 2031년 1709만t으로 확대하겠다는 정부 정책에 맞춰 산업용 천연가스 요금을 종전대비 10.2% 인하하기로 했다. 경기와 경남을 산업체 밀집 특별관리지역으로 정해 합동 현장 타깃형 마케팅을 실시했다.

미세먼지를 줄이기 위해 노후 경유버스는 CNG버스로 바꾸도록 구매보조금 114억원을 지급했다. 또 선박용 LNG연료를 공급하는 LNG벙커링 등 신사업 기반도 구축할 예정이다.

① 천연가스는 미세먼지를 줄이며 액화과정에서 오염유발물질을 거의 발생시키지 않는다.
② 천연가스는 발화온도가 높아 폭발 위험이 낮다.
③ 천연가스는 석유보다 열효율이 높고 배관설비도 따로 필요하지 않다.
④ 가스공사는 산업용 천연가스 요금을 종전대비 10%이상 낮추기로 하였다.
⑤ LNG벙커링 설비는 액화천연가스를 선박용 연료로 주입하는 설비이다.

정답해설 제시된 기사의 둘째 단락에서 '연탄 · 석유보다 열효율이 높고 배관으로 공급돼 수송 수단, 저장 공간도 필요 없다'라고 하였으므로, 천연가스는 석유보다 열효율이 높고 배관으로 공급되는 에너지이므로, 따로 저장 공간이 필요 없다는 것을 알 수 있다. 따라서 ③과 같이 배관설비가 필요하지 않다는 것은 올바른 설명이 아니다.

① 첫째 단락에서 '지구온난화를 막고 미세먼지를 감축하기 위해 천연가스 확대 노력에 나섰다'고 하였고, 둘째 단락의 첫 번째 문장에서 '천연가스는 액화과정에서 분진 · 황 · 질소 등이 제거돼 공해물질이 거의 발생하지 않는 친환경 에너지다'라고 하였다. 따라서 천연가스는 미세먼지 감축에 기여하고 액화과정에서 공해물질을 거의 발생시키지 않는 친환경 에너지라는 것을 알 수 있다.

② 둘째 단락에서 '발화온도가 높아 폭발 위험이 적은데다'라는 내용에서 알 수 있는 내용이다.

④ 셋째 단락의 '가스공사도 LNG발전 비중을 올해 1652만t에서 2031년 1709만t으로 확대하겠다는 정부 정책에 맞춰 산업용 천연가스 요금을 종전대비 10.2% 인하하기로 했다'에서 알 수 있는 내용이다.

⑤ 기사의 마지막 문장 '선박용 LNG연료를 공급하는 LNG벙커링 등 신사업 기반도 구축할 예정이다'에서 알 수 있다. 일반적으로 LNG벙커링은 액화천연가스(LNG)를 선박용 연료로 주입하는 것을 의미한다.

02 다음 글에 제시된 초파리 실험의 결과를 가장 잘 설명할 수 있는 가설은?

초파리는 물리적 자극에 의해 위로 올라가는 성질이 있다. 그런데 파킨슨씨병에 걸린 초파리는 운동성이 결여되어 물리적 자극을 주어도 위로 올라가지 않는다. 이번 실험은 파킨슨씨병에 관련이 있다고 추정되는 유전자 A와 약물 B를 이용하였다. 먼저 정상 초파리와 유전자 A가 돌연변이 된 초파리를 준비하여 각각 약물 B가 들어 있는 배양기와 들어 있지 않은 배양기에 일정 시간 동안 두었다. 이후 물리적 자극을 주어 이들의 운동성을 테스트한 결과, 약물 B가 들어 있는 배양기의 정상 초파리와 약물 B가 들어 있지 않은 배양기의 정상 초파리 모두 위로 올라가는 성질을 보였다. 반면, 유전자 A가 돌연변이 된 초파리는 약물 B를 넣은 배양기에서 위로 올라가지 못하고, 약물 B를 넣지 않은 배양기에서는 위로 올라가는 것을 관찰할 수 있었다.

① 약물 B를 섭취한 초파리의 유전자 A는 돌연변이가 된다.

② 유전자 A가 돌연변이 된 초파리는 약물 B를 섭취하면 파킨슨씨병에 걸린다.

③ 유전자 A가 돌연변이 된 초파리는 약물 B를 섭취하지 않으면 운동성이 결여된다.

④ 물리적 자극에 대한 운동성이 정상인 초파리는 약물 B를 섭취하면 운동성이 결여된다.

⑤ 물리적 자극에 대한 운동성이 비정상인 초파리는 약물 B를 섭취하면 파킨슨씨병에 걸린다.

정답 해설 글의 첫 문장에서 일반적으로 초파리는 물리적 자극에 의해 위로 올라가는 성질이 있지만 파킨슨씨병에 걸린 초파리는 운동성이 결여되어 물리적 자극을 주어도 위로 올라가지 않는다고 하였다. 그런데 초파리 실험의 결과를 진술한 글의 마지막 문장에서, 유전자 A가 돌연변이 된 초파리는 약물 B를 넣은 배양기에서 위로 올라가지 못하고, 약물 B를 넣지 않은 배양기에서는 위로 올라간다고 하였다. 따라서 유전자 A가 돌연변이 된 초파리는 약물 B를 섭취하면 파킨슨씨병에 걸려 위로 올라가지 못한다는 것을 알 수 있다. 따라서 ②는 초파리 실험의 결과를 올바르게 설명한 가설이라 할 수 있다.

오답 해설 ① 제시된 글 내용만으로는 추론할 수 없는 가설이다. 글에서 초파리 실험 결과 '약물 B가 들어 있는 배양기의 정상 초파리와 약물 B가 들어 있지 않은 배양기의 정상 초파리 모두 위로 올라가는 성질을 보였다'고 했는데, 이는 정상 초파리의 경우 약물 B를 섭취해도 파킨슨씨병에 걸리지 않는다(운동성이 결여되지 않는다)는 것을 설명하는 내용이다. 따라서 약물 B의 섭취와 유전자 A가 돌연변이가 되는지 여부는 제시된 글만으로는 알 수 없다.

③ 글의 마지막 문장에서 '유전자 A가 돌연변이 된 초파리는 약물 B를 넣은 배양기에서 위로 올라가지 못하고(운동성이 결여되고), 약물 B를 넣지 않은 배양기에서는 위로 올라가는 것(운동성이 결여되지 않는 것)을 관찰할 수 있었다'고 했는데, ③은 이에 배치된다.

④ 물리적 자극에 대한 운동성이 정상인 초파리는 약물 B의 섭취 여부와 상관없이 모두 위로 올라간다(운동성이 결여되지 않는다)고 하였다.

⑤ 제시된 글의 실험은 정상 초파리와 유전자 A가 돌연변이 된 초파리를 각각 약물 B의 섭취 여부에 따라 운동성이 어떻게 달라지는가를 실험한 것이다. 따라서 운동성이 비정상인 초파리가 약물 B를 섭취하면 파킨슨씨병에 걸린다는 내용은 실험의 결과와 거리가 멀다.

03 다음 글의 제목으로 가장 적절한 것은?

어느 대학의 심리학 교수가 그 학교에서 강의를 재미없게 하기로 정평이 나 있는 한 인류학 교수의 수업을 대상으로 실험을 계획했다. 그 심리학 교수는 인류학 교수에게 이 사실을 철저히 비밀로 하고, 그 강의를 수강하는 학생들에게만 사전에 몇 가지 주의 사항을 전달했다. 첫째, 그 교수의 말 한마디 한마디에 집중하면서 열심히 들을 것. 둘째, 얼굴에는 약간 미소를 띠면서 눈을 반짝이며 고개를 끄덕이기도 하고 간혹 질문도 하면서 강의가 매우 재미있다는 반응을 겉으로 나타내며 들을 것.

한 학기 동안 계속된 이 실험의 결과는 흥미로웠다. 우선 재미없게 강의하던 그 인류학 교수는 줄줄 읽어 나가던 강의 노트에서 드디어 눈을 떼고 학생들과 시선을 마주치기 시작했으며 가끔씩은 한두 마디 유머 섞인 농담을 던지기도 하더니, 그 학기가 끝날 즈음엔 가장 열의 있게 강의하는 교수로 면모를 일신하게 되었다. 더욱 놀라운 것은 학생들의 변화였다. 처음에는 실험 차원에서 열심히 듣는 척하던 학생들이 이 과정을 통해 정말로 강의에 흥미롭게 참여하게 되었고, 나중에는 소수이긴 하지만 아예 전공을 인류학으로 바꾸기로 결심한 학생들도 나오게 되었다.

① 학생 간 의사소통의 중요성
② 교수 간 의사소통의 중요성
③ 언어적 메시지의 중요성
④ 강의 방식 변화의 중요성
⑤ 공감하는 듣기의 중요성

제시문의 첫째 단락에서 '교수의 말 한마디 한마디에 집중하면서 열심히 들을 것. 둘째, 얼굴에는 약간 미소를 띠면서 눈을 반짝이며 고개를 끄덕이기도 하고 간혹 질문도 하면서 강의가 매우 재미있다는 반응을 겉으로 나타내며 들을 것' 등이 의미하는 것은 학생들이 교수의 강의에 공감하고 적절히 반응하며 참여하는 것으로 볼 수 있다. 그리고 둘째 단락에서, 이러한 긍정적인 자세가 결국 수업의 재미를 높이고 교수와 학생에 긍정적으로 작용되었다고 하였으므로 제목으로 가장 적절한 것은 ⑤이다.

①·② 제시문의 실험 내용은 학생들 간 또는 교수들 간의 의사소통에 대한 것이 아니라, 교수와 학생 사이에서의 듣기의 태도와 그에 따른 변화에 대한 것이다.

③ 제시문은 언어적 메시지가 아니라 '집중하며 듣기' 또는 '긍정적으로 반응하며 듣기' 등 비언어적 메시지의 중요성에 대해 이야기하고 있으므로 글의 제목으로 적절하지 않다.

④ 제시문의 실험은 공감하며 듣는 태도를 통해 발생하는 긍정적인 변화를 보여주는 것이다. 강의 방식의 변화는 이러한 긍정적인 변화의 하나로 볼 수 있으나, 그 자체가 글의 내용을 포괄하는 핵심 내용이라 볼 수는 없으므로 제목으로는 적절하지 않다.

정답 03 ⑤

04 다음 글의 내용에 부합하지 않는 것은?

'도'(道)를 명백히 아는 사람들은 혼에는 모두 세 종류가 있다고 말합니다. 저급은 생혼(生魂)입니다. 이것은 단지 부여받은 존재를 살게 하여 성장하게 해 줍니다. 이것이 초목들의 혼입니다. 중급은 각혼(覺魂)입니다. 이것은 부여받은 존재를 생장시키고 또한 눈과 귀로 보고 듣게 하며 입과 코로 맛보고 냄새를 맡게 하여 다리와 몸으로 사물들의 실정을 느끼게 합니다. 이것이 짐승들의 혼입니다. 최상급이 영혼(靈魂)입니다. 이것은 생혼과 각혼의 기능을 함께 갖추어 생장하게 하며 사물의 실정을 느끼게 하고, 또한 이를 부여받은 존재들로 하여금 사물들을 추론하여 '이치'를 명백히 분석하게 합니다. 이것이 사람들의 혼입니다.

만약 짐승의 혼과 사람의 혼을 하나로 하면, 혼에는 단지 두 종류만 있다는 것이기 때문에 세상의 통론(通論)을 어지럽히는 것이 아니겠습니까? 무릇 사물들을 분류함은 단지 겉모양으로 그 본성을 정할 수 없는 것이요, 오직 혼에 따라서 결정하는 것입니다. 처음에 본래의 혼이 있은 다음에 본성이 있게 되고, 그 본성이 있은 다음에 각기 부류[種]가 결정됩니다. 부류가 정해진 다음에 모습이 생겨나는 것입니다. 따라서 본성의 '같고 다름'은 혼의 '같고 다름'에 말미암은 것이요, 부류의 '같고 다름'은 본성의 '같고 다름'에 말미암은 것입니다. 모습의 '같고 다름'은 부류의 '같고 다름'에 말미암은 것입니다. 새나 짐승의 모습이 일단 사람들과 다르다면 이것들의 부류나 본성이나 혼이 어찌 모두 다르지 않겠습니까?

사람이 사물의 이치를 궁구하는 것[格物窮理]에는 다른 방도가 없습니다. 그 겉으로써 속을 검증하고, 드러난 것을 관찰하여 숨겨진 것에 통달하는 것입니다. 따라서 우리들이 초목의 혼이 무엇인가를 알고자 한다면 그것들은 그저 크게 자라기만 하고 지각(知覺)은 하지 않는다는 것을 보고서 그것들의 속은 다만 생혼만을 가졌다는 것을 검증해내는 것입니다. 새나 짐승들의 혼이 무엇인지를 알려면 그것들은 다만 지각만을 할 뿐 이치를 추론하지 못하는 것을 보고서 그것들은 다만 각혼만을 가졌다는 것을 검증해내는 것입니다. 즉 사람에게만 영혼이 있습니다.

① 각혼과 영혼을 하나로 할 수 없는 것은 그 기능이 다르기 때문이다.
② 사물의 부류가 다른 것은 외양이 다르기 때문이 아니라 본성이 다르기 때문이다.
③ 인간이 사물의 본성과 혼에 대해서 추리를 할 수 있는 것은 영혼의 기능 때문이다.

④ 영혼은 생혼과 각혼의 기능을 포함할 뿐만 아니라 다른 부류를 추론할 수 있으므로 높은 위치에 있다.

⑤ 식물과 동물, 사람의 부류는 외양의 같고 다름에 따르되, 그것을 확정짓는 것은 혼의 기능인 지각이다.

정답 해설 ⑤의 앞부분의 내용은 식물과 동물, 사람의 부류는 외양의 같고 다름에 따른다는 것인데, 이는 글의 내용과 상반된다. 둘째 단락의 후반부에서 '모습의 '같고 다름'은 부류의 '같고 다름'에 말미암은 것입니다'라고 하였는데, 이는 외양의 같고 다름은 부류의 같고 다름에 따른다는 내용이므로 글의 내용과 부합하지 않는다. 글에서 외양의 같고 다름은 부류의 같고 다름에 따르며, 부류의 같고 다름은 본성에 따르고, 본성의 같고 다름은 혼에 따른다고 하였다.

오답 해설 ① 첫째 단락에서 각혼의 기능을 '이것은 부여받은 존재를 생장시키고 또한 눈과 귀로 보고 듣게 하며 입과 코로 맛보고 냄새를 맡게 하고 다리와 몸으로 사물들의 실정을 느끼게 합니다'라고 제시하였고, 영혼의 기능을 '이것은 생혼과 각혼의 기능을 함께 갖추어 생장하게 하며 사물의 실정을 느끼게 하고, 또한 이를 부여받은 존재들로 하여금 사물들을 추론하여 '이치'를 명백히 분석하게 합니다'라고 제시하여 양자를 구분하였다. 그리고 둘째 단락에서 이러한 기능의 차이로 인해 각각의 혼은 하나로 할 수 없다고 하였다(둘째 단락의 첫 문장 '만약 짐승의 혼과 사람의 혼을 하나로 하면, 혼에는 단지 두 종류만 있다는 것이기 때문에 세상의 통론(通論)을 어지럽히는 것이 아니겠습니까?' 참고). 따라서 ①은 글의 내용에 부합한다.

② 둘째 단락의 후반부에서 부류의 같고 다름은 모습의 같고 다름이 아니라 본성의 같고 다름 때문이라 하였다(둘째 단락 후반부의 '부류의 '같고 다름'은 본성의 '같고 다름'에 말미암은 것입니다. 모습의 '같고 다름'은 부류의 '같고 다름'에 말미암은 것입니다' 참고). 따라서 ②의 내용도 글의 내용과 부합한다.

③ · ④ 첫째 단락에서 제시된 내용을 통해 알 수 있는 내용이다. 즉, 첫째 단락 후반부에서 영혼의 기능으로 '최상급이 영혼(靈魂)입니다. 이것은 생혼과 각혼의 기능을 함께 갖추어 생장하게 하며 사물의 실정을 느끼게 하고, 또한 이를 부여받은 존재들로 하여금 사물들을 추론하고 '이치'를 명백히 분석하게 합니다. 이것이 사람들의 혼입니다'라고 하였는데, 이를 통해 영혼은 생혼과 각혼의 기능을 포함하는 높은 위치에 있으며, 영혼의 기능으로 인해 사물의 본성과 혼에 대해 추리할 수 있다는 것을 알 수 있다.

정답 04 ⑤

05 다음 글의 밑줄 친 부분에 들어갈 가장 적합한 문장을 〈보기〉에서 골라 올바르게 묶은 것은?

첨단 생명공학기술이 인권에 미치는 영향은 다방면으로 나타나고 있다.

첫째, (가) ______________ 장기이식, 정자은행, 난자은행, 체외수정, 인체실험, 실험적 치료, 배아연구, 태아조직 이식, 성감별, 냉동수정란, 대리모 임신, 인공자궁 개발, 임상시험, 성장호르몬, 유전자 진단, 인간게놈 프로젝트, 유전자 치료, 유전자 개선, 인간복제 등 이 모든 기술적 성과들을 위해 우리 몸은 과학자들의 탐구욕의 대상이자 기업의 이윤추구를 위한 암투장이 되고 있으며, 국가의 생명공학 육성책의 전략기지가 되어가고 있다.

둘째, (나) ______________ 만약 각종 생식보조기술과 유전자진단기술로 비정상적인 자녀의 출산을 기술적으로 막을 수 있었음에도 불구하고, 어느 부모가 그들의 자유로운 결정권에 따라 장애를 지닌 자녀를 출산한다면, 이런 행위는 어떻게 이해될까? 기술사회의 분위기는 부모의 자유로운 결정권에도 불구하고, 장애아임을 알고 분만하는 그들의 행위를 무책임하다고 비난하는 방향으로 가게 되지나 않을까? 만약 아이들이 완전한 교육을 받을 권리를 누려야 하는 것처럼 '건강한 가계를 지닐 양도할 수 없는 권리'를 가져야 한다면, 결함을 가진 아이들을 받아들이고 그들을 돌봐준다는 사회의 적극성은 필경 손상될 것이다.

셋째, (다) ______________ 자신의 수준에 맞는 기술을 적용받을 권리는 아랑곳없이, 외부에서 정해주는 기준을 좇아가야 하는 생활환경에 은연중에 둘러싸이게 된다는 뜻이다. 오늘날 인공수정, 체외수정, 냉동수정란, 배아복제, 대리모, 산전 유전검사, 산전 유전자치료 등 각종 생식보조기술 덕분에 불임부부, 특히 여성들이 진정 자율적으로 확대된 출산의 권리를 누린다고 말할 수 있을까? 불임은 극복할 수 있는 병이라는 신념을 확산시키는 의과학 메커니즘에 종속되어 오늘도 엄청난 시간과 돈을 쏟고 건강마저 상하는 많은 여성들이, 진정 출산의 결정과 자신의 건강상의 결정에서 자율성을 누리고 있는지 의문이다. 겉으로 보기에는 개인 혹은 가정의 선택권, 결정권이 확대된 것 같지만 실은 기술의 필연성을 받아들인 것에 불과한 것은 아닐까?

넷째, (라) ______________ 유전적으로 변형된 생명체나 DNA 염기서열 등 일정한 기법으로 인체로부터 분리해 낸 생체조직의 특허 확대는 생명에 대한 유물론적 사고를 조장하는 데 은연중에 영향을 미치고 있다. 이러한 경향은 발명과 저작의 권리들을 왜곡시켜, 지식의 자유로운 유통을 가로막는 배타적 울타리로 작용하고 있다. 인간유전자를 비롯하여 인류의 공동유산인 생명물질에 대해 특허를 인정하게 되면, 우리는 발견이 아닌 발명에 대해 특허를 부여한다는 전통적인 특허법 원리를 포기하는 것이 될 것이다. 인체로부터 분리된, 기능이 알려진 유전자 염기서열은 자연에서 발견되는 것이라 하더라도 인간의 기술개입에 의해 분리시킨 것이기에 발견이 아닌 것으로 본다는 말은 결국 형용모순에 불과하다.

보기

ㄱ. 인간의 유전적 차이 그리고 그에 따른 인간의 분류에 주목하는 기술의 확대적용은 은연중에 한 사회의 관용의 폭을 점점 좁히는 역할을 할 수 있다.
ㄴ. 과학사회에서 일반시민들은 효용과 합리성을 대변하는 전문가 내지 과학기술관료의 기준에 맞추어 눈높이를 올려야 한다는 압력을 받기 쉽다.
ㄷ. 치료, 예방, 연구, 복지라는 이름으로 그 어느 때보다 우리의 몸에 대한 각종 개입이 쉽게 정당화되는 시대에 우리가 살고 있다는 점이다.
ㄹ. 생명물질에 대한 사적 소유권 개념 확대도 경계해야 할 추세이다.

① (가) – ㄷ, (나) – ㄱ, (다) – ㄴ, (라) – ㄹ
② (가) – ㄷ, (나) – ㄱ, (다) – ㄹ, (라) – ㄴ
③ (가) – ㄷ, (나) – ㄴ, (다) – ㄱ, (라) – ㄹ
④ (가) – ㄹ, (나) – ㄱ, (다) – ㄴ, (라) – ㄷ
⑤ (가) – ㄹ, (나) – ㄱ, (다) – ㄷ, (라) – ㄴ

정답해설

(가) 글 후반부의 '모든 기술적 성과들을 위해 우리 몸은 과학자들의 탐구욕의 대상이자 기업의 이윤추구를 위한 암투장이 되고 있으며, 국가의 생명공학 육성책의 전략기지가 되어가고 있다'에서 알 수 있듯이, 첨단생명공학의 기술적 성과들을 위해 우리의 몸이 무분별하게 이용되고 있다는 것이 중심 내용을 이루고 있다. 따라서 (가)의 밑줄 친 부분에 들어갈 문장으로 가장 적합한 것은 'ㄷ'이다.

(나) 여기서는 기술사회의 각종 생식보조기술과 유전자 진단 기술로 비정상적인 자녀의 출산을 막을 수 있었음에도 불구하고 부모가 자유로운 결정권에 따라 장애아를 출산할 경우 발생할 수 있는 사회적 비난과, 그러한 장애 아이들을 돌봐준다는 사회의 적극성이 손상될 것이라는 점을 지적하고 있다. 따라서 밑줄 친 부분에 들어갈 수 있는 내용으로는, 인간의 유전적 차이와 그에 따른 인간분류에 주목하는 기술의 확대적용이 사회의 관용의 폭을 좁힐 수 있다는 'ㄱ'이 가장 적합하다.

(다) 앞부분에서는 자신의 수준에 맞는 기술보다는 외부에서 정해주는 기준을 좇아가야 하는 환경에 대해 언급하였고, 첨단 생식보조기술로 인해 불임부부가 자신의 출산과 건강상의 결정의 자율성

을 누리지 있는지 의문이라고 하였다. 후반부에서는 그로 인해 궁극적으로 개인이나 가정의 선택권 · 결정권이 확대된 것이라기보다는 기술의 필연성을 받아들인 것에 불과하다는 의견을 개진하고 있다. 따라서 밑줄 내용이 가장 적합한 것은 'ㄴ'이다. 결국 시민들은 전문가 내지 과학기술관료의 기준에 눈높이에 맞춰야 하는 압력을 받기 쉽다는 것이다.

(라) 첫 문장에서는 인체로부터 분리해 낸 생체조직에 대한 특허 확대는 생명에 대한 유물론적 사고를 조장하는 데 영향을 미친다고 하였고, 중간 부분에서는 인간유전자와 인류의 공동유산인 생명물질에 대해 특허를 인정하게 것은 발견이 아닌 발명에 대해 특허를 부여한다는 특허법 원리를 포기하는 것이라 지적하였다. 따라서 밑줄 친 부분에는 특허와 관련되는 개념인 사적 소유권에 대해 언급한 'ㄹ'이 가장 적합하다. 결국 생명과 관련된 사적 소유권 개념의 확대를 경계해야 한다는 내용이라 할 수 있다.

06 다음 글의 논지를 비판하는 진술로 가장 적절한 것은?

자신의 스마트폰 없이는 도무지 일과를 진행하지 못하는 K의 경우를 생각해 보자. 그의 일과표는 전부 그의 스마트폰에 저장되어 있어서 그의 스마트폰은 적절한 때가 되면 그가 해야 할 일을 알려줄 뿐만 아니라 약속 장소로 가기 위해 무엇을 타고 어떻게 움직여야 할지까지 알려준다. K는 어릴 때 보통 사람보다 기억력이 매우 나쁘다는 진단을 받았지만 스마트폰 덕분에 어느 동료에게도 뒤지지 않는 업무 능력을 발휘하고 있다. 이와 같은 경우, K는 스마트폰 덕분에 인지 능력이 보강된 것으로 볼 수 있는데, 그 보강된 인지 능력을 K 자신의 것으로 볼 수 있는가? 이 물음에 대한 답은 긍정이다. 즉 우리는 K의 스마트폰이 그 자체로 K의 인지 능력 일부를 실현하고 있다고 보아야 한다. 그런 판단의 기준은 명료하다. 스마트폰의 메커니즘이 K의 손바닥 위나 책상 위가 아니라 그의 두뇌 속에서 작동하고 있다고 가정해 보면 된다. 물론 사실과 다른 가정이지만 만일 그렇게 가정한다면 우리는 필경 K 자신이 모든 일과를 정확하게 기억하고 있고 또 약속 장소를 잘 찾아간다고 평가할 것이다. 이처럼 '만일 K의 두뇌 속에서 일어난다면'이라는 상황을 가정했을 때 그것을 K 자신의 기억이나 판단이라고 인정할 수 있다면, 그런 과정은 K 자신의 인지 능력이라고 평가해야 한다.

① K가 종이 위에 연필로 써가며 253×87 같은 곱셈을 할 경우 종이와 연필의 도움을 받은 연산 능력 역시 K 자신의 인지 능력으로 인정해야 한다.

② K가 집에 두고 나온 스마트폰에 원격으로 접속하여 거기 담긴 모든 정보를 알아낼 수 있다면 그는 그 스마트폰을 손에 가지고 있는 것과 다름없다.

③ K가 자신이 미리 적어 놓은 메모를 참조해서 기억력 시험 문제에 답한다면 누구도 K가 그 문제의 답을 기억한다고 인정하지 않는다.

④ 스마트폰의 모든 기능을 두뇌 속에서 작동하게 하는 것이 두뇌 밖에서 작동하게 하는 경우보다 우리의 기억력과 인지 능력을 향상시키지 않는다.

⑤ 전화번호를 찾으려는 사람의 이름조차 기억이 나지 않을 때에도 스마트폰에 저장된 전화번호 목록을 보면서 그 사람의 이름을 상기하고 전화번호를 알아낼 수 있다.

정답 06 ③

제시된 글의 논지는 스마트폰을 사용하여 인지 능력이 보강된 사람의 경우 보강된 인지 능력을 그 자신의 것으로 볼 수 있다는 것이다. 그런데 미리 적어 놓은 메모를 참조해 기억력 시험 문제에 답하는 경우 그 누구도 그것을 인정하지 않는다는 것은 위의 논지를 비판하는 진술이 될 수 있다. 따라서 ③은 글에 대한 적절한 비판이 된다.

① 종이와 연필이라는 도구의 도움을 받은 연산 능력을 자신의 인지 능력으로 인정하는 것은, 스마트폰의 도움으로 인지 능력이 보강된 것을 자신의 인지 능력으로 인정하는 위의 글의 내용과 부합된다. 따라서 ①은 적절한 비판이 될 수 없다.

② 스마트폰을 원격으로 접속하여 정보를 알아낼 수 있는 것은 곧 그 스마트폰을 손에 가지고 있는 것과 같다는 내용은 위의 글을 비판하는 내용으로 볼 수 없다. 이는 다른 기기를 통한 스마트폰에 대한 접근성과 관련된 내용으로, 오히려 위의 논지를 뒷받침하기 위한 설명이 될 수 있다.

④ 제시된 글의 논지는 스마트폰을 잘 활용하는 사람의 능력을 그 사람 자체의 능력으로 볼 수 있다는 것이며, 이를 뒷받침하기 위한 기준으로 스마트폰의 메커니즘이 K의 두뇌 속에서 작동하고 있다는 가정을 하고 있다. 따라서 ④와 같이 스마트폰의 기능을 두뇌 속에서 작동하게 하는 것이 두뇌 밖에서 작동하게 하는 경우보다 기억력과 인지 능력을 향상시키지 않는다는 내용은 글의 논지를 비판하는 진술로 보기 어렵다. 결국 스마트폰을 잘 활용하는 것을 그의 능력으로 인정하는 사실 자체를 부정하는 내용이 아니기 때문이다.

⑤ 글의 논지를 강화하는 예라 할 수 있다.

07 다음 글에서 알 수 없는 것은?

갈릴레오는 「두 가지 주된 세계 체계에 관한 대화」에서 등장인물인 살비아티에게 자신을 대변하는 역할을 맡겼다. 심플리치오는 아리스토텔레스의 자연철학을 대변하는 인물로서 살비아티의 대화 상대역을 맡고 있다. 또 다른 등장인물인 사그레도는 건전한 판단력을 지닌 자로서 살비아티와 심플리치오 사이에서 중재자 역할을 맡고 있다.

이 책의 마지막 부분에서 사그레도는 나흘간의 대화를 마무리하며 코페르니쿠스의 지동설을 옳은 견해로 인정한다. 그리고 그는 그 견해를 지지하는 세 가지 근거를 제시한다. 첫째는 행성의 겉보기 운동과 역행 운동에서, 둘째는 태양이 자전한다는 것과 그 흑점들의 운동에서, 셋째는 조수 현상에서 찾아낸다.

이에 반해 살비아티는 지동설의 근거로서 사그레도가 언급하지 않은 항성의 시차(視差)를 중요하게 다룬다. 살비아티는 지구의 공전을 입증하기 위한 첫 번째 단계로 지구의 공전을 전제로 한 코페르니쿠스의 이론이 행성의 겉보기 운동을 얼마나 간단하고 조화롭게 설명할 수 있는지를 보여준다. 그런 다음 그는 지구의 공전을 전제로 할 때, 공전 궤도의 두 맞은편 지점에서 관측자에게 보이는 항성의 위치가 달라지는 현상, 곧 항성의 시차를 기하학적으로 설명한다.

그렇다면 사그레도는 왜 이 중요한 사실을 거론하지 않았을까? 그것은 세 번째 날의 대화에서 심플리치오가 아리스토텔레스의 이론을 옹호하면서 지동설에 대한 반박 근거로 공전에 의한 항성의 시차가 관측되지 않음을 지적한 것과 관련이 있다. 당시 갈릴레오는 자신의 망원경을 통해 별의 시차를 관측하지 못했다. 그는 그 이유가 항성이 당시 알려진 것보다 훨씬 멀리 있기 때문이라고 주장하였지만, 반대자들에게 그것은 임기응변적인 가설로 치부될 뿐이었다. 결국 그 작은 각도가 나중에 더 좋은 망원경에 의해 관측되기까지 항성의 시차는 지동설의 옹호자들에게 '불편한 진실'로 남아 있었다.

① 아리스토텔레스의 철학을 따르는 심플리치오는 지구가 공전하지 않음을 주장한다.

② 사그레도는 항성의 시차에 관한 기하학적 예측에 근거하여 코페르니쿠스의 지동설을 받아들인다.

③ 사그레도와 살비아티는 둘 다 행성의 겉보기 운동을 근거로 하여 코페르니쿠스의 지동설을 옹호한다.

정답 07 ②

④ 심플리치오는 관측자에게 항성의 시차가 관측되지 않았다는 사실에 근거하여 코페르니쿠스의 지동설을 반박한다.

⑤ 살비아티는 지구가 공전한다면 공전궤도상의 지구의 위치에 따라 항성의 시차가 존재할 수밖에 없다고 예측한다.

정답 해설 셋째 단락에서 알 수 있듯이 사그레도는 항성의 시차(視差)를 지동설의 근거로 언급하지 않았다. 둘째 단락에 나와 있듯이 사그레도는 행성의 겉보기 운동과 역행 운동, 태양이 자전한다는 것과 그 흑점들의 운동, 조수 현상을 통해 코페르니쿠스의 지동설을 옳은 견해로 인정하였다. 따라서 ②는 제시된 글의 내용과 부합하지 않는다.

오답 해설 ① 첫째 단락을 통해 알 수 있는 내용이다. 지동설을 주장한 갈릴레오는 살비아티에게 자신을 대변하는 역할을 맡겼고, 심플리치오는 아리스토텔레스의 자연철학을 대변하는 인물로서 살비아티의 대화 상대역을 맡았다고 했으므로, 심플리치오는 지동설을 주장하지 않았음을 알 수 있다.

③ 둘째 단락을 통해 알 수 있는 내용이다.

④ 넷째 단락의 '그것은 세 번째 날의 대화에서 심플리치오가 아리스토텔레스의 이론을 옹호하면서 지동설에 대한 반박 근거로 공전에 의한 항성의 시차가 관측되지 않음을 지적한 것과 관련이 있다'를 통해 알 수 있는 내용이다.

⑤ 셋째 단락의 '그런 다음 그는 지구의 공전을 전제로 할 때, 공전 궤도의 두 맞은편 지점에서 관측자에게 보이는 항성의 위치가 달라지는 현상, 곧 항성의 시차를 기하학적으로 설명한다'를 통해 알 수 있는 내용이다.

08 다음 빈 칸에 들어갈 말로 가장 적절한 것은?

A국 정부는 가스 관리부서 업무에 적합한 민간경력자 전문관을 한 명 이상 임용하려고 한다. 그런데 지원자들 중 갑은 경쟁국인 B국에 여러 번 드나든 기록이 있다. 그래서 정보 당국은 갑의 신원을 조사했다. 조사 결과 갑이 부적격 판정을 받는다면, 그는 전문관으로 임용되지 못할 것이다. 한편, A국 정부는 임용 심사에서 지역과 성별을 고려한 기준도 적용한다. 동일 지역 출신은 두 사람 이상을 임용하지 않는다. 그리고 적어도 여성 한 명을 임용해야 한다. 이번 임용 시험에 응시한 여성은 갑과 을 둘 밖에 없다. 또한 지원자들 중에서 병과 을이 동일 지역 출신이므로, 만약 병이 임용된다면 을은 임용될 수 없다. 그런데 [ ] 따라서 병은 전문관으로 임용되지 못할 것이다.

① 갑이 전문관으로 임용될 것이다.
② 을이 전문관으로 임용되지 못할 것이다.
③ 갑은 조사 결과 부적격 판정을 받을 것이다.
④ 병이 전문관으로 임용된다면, 갑도 전문관으로 임용될 것이다.
⑤ 갑이 조사 결과 적격 판정을 받는다면, 갑이 전문관으로 임용될 것이다.

정답 해설 제시된 글에서 '적어도 여성 한 명을 임용해야 한다. 이번 임용 시험에 응시한 여성은 갑과 을 둘 밖에 없다. 또한 지원자들 중에서 병과 을이 동일 지역 출신이므로, 만약 병이 임용된다면 을은 임용될 수 없다'고 하였는데, 이를 통해 '갑과 을' 중에서 반드시 한 명만이 임용될 수 있고, '을과 병'은 함께 임용될 수 없음을 알 수 있다. 그런데 빈칸 다음에서 '따라서 병은 전문관으로 임용되지 못할 것이다'라고 하였으므로, 앞에서는 을이 임용되는 경우가 전제되어야 함을 알 수 있다. 을이 임용되는 경우는 ③과 같이 갑이 조사 결과 부적격 판정을 받는 경우이므로, ③이 빈칸에 적절하다.

오답 해설 ①·② 갑이 전문관으로 임용되는 경우와 을이 전문관으로 임용되지 못하는 경우는 모두 갑만이 임용되는 경우로 동일하다. 갑이 전문관으로 임용되는 경우 병이 전문관으로 임용되지 못하는 것이 아니므로, ①·② 모두 적절하지 않다.

④ 빈칸 다음의 내용인 '병은 전문관으로 임용되지 못할 것이다'가 성립하는 것은 동일 지역의 지원자인 '을'이 임용되는 경우이므로, ④는 빈칸에 적절한 내용으로는 볼 수 없다.

⑤ 갑이 조사 결과 적격 판정을 받는 경우 전문관으로 임용될 수 있으나, 이로 인해 병이 전문관으로 임용되지 못하는 것이 아니다. 따라서 이도 적절하지 않다.

정답 08 ③

09 다음 글의 결론을 이끌어내기 위해 추가해야 할 전제만을 〈보기〉에서 모두 고르면?

젊고 섬세하고 유연한 자는 아름답다. A는 섬세하고 유연하다. 아름다운 자가 모두 훌륭한 것은 아니다. 덕을 지닌 자는 훌륭하다. A는 덕을 지녔다. 아름답고 훌륭한 자는 행복하다. 따라서 A는 행복하다.

보기

ㄱ. A는 젊다.

ㄴ. A는 훌륭하다.

ㄷ. 아름다운 자는 행복하다.

① ㄱ
② ㄷ
③ ㄱ, ㄴ
④ ㄴ, ㄷ
⑤ ㄱ, ㄴ, ㄷ

 제시된 글의 전제 조건과 결론은 다음과 같이 정리할 수 있다.

- 전제 조건
  - ㉮ : 젊고 섬세하고 유연한 자는 아름답다.
  - ㉯ : A는 섬세하고 유연하다.
  - ㉰ : 덕을 지닌 자는 훌륭하다
  - ㉱ : A는 덕을 지녔다.
  - ㉲ : 아름답고 훌륭한 자는 행복하다.
- **결론** : A는 행복하다.

글의 결론을 이끌어 내기 위해서는 A가 ㉲의 조건을 만족해야 한다. 그런데 ㉰와 ㉱를 통해 A는 훌륭한 자라는 것을 알 수 있다. 따라서 A가 아름답다는 것만 만족하면 ㉲의 조건을 모두 만족해 결론과 같이 말할 수 있다. ㉯에서 A는 섬세하고 유연하다고 했으므로 'A가 젊다'는 조건만 만족하면 ㉮의 조건을 모두 만족하므로, A는 아름다운 사람이 된다. 따라서 'ㄱ(A는 젊다)'이 필요한 전제가 된다.

10 다음 논증에 대한 평가로 적절한 것만을 〈보기〉에서 모두 고르면?

집단 내지 국가의 청렴도를 평가하는 잣대로 종종 공공 물품을 사적으로 사용하는 정도가 활용된다. 이와 관련하여 D시의 경우 회사원들이 사내용 물품을 개인적인 용도로 사용하는 정도가 꽤 높은 것으로 밝혀졌다. 이는 D시의 대표적 회사 A에서 직원 200명을 대상으로 회사물품을 사적인 용도로 사용한 적이 있는지를 설문조사해 본 결과에 따른 것이다. 조사 결과 '늘 그랬다'는 직원은 5%, '종종 그랬다'는 직원은 15%, '가끔 그랬다'는 직원은 35%, '어쩌다 한두 번 그랬다'는 직원은 25%, '전혀 그런 적이 없다'는 직원은 10%, 응답을 거부한 직원은 10%였다. 설문조사에 응한 직원들 중에서 가끔이라도 사용한 적이 있다고 답한 직원의 비율이 절반을 넘었다. 따라서 D시의 회사원들은 낮은 청렴도를 가졌다고 평가할 수 있다.

보기

ㄱ. 설문조사에 응한 회사 A의 직원들 중 회사물품에 대한 사적 사용 정도를 실제보다 축소하여 답한 직원들이 많다는 사실은 위 논증의 결론을 강화한다.

ㄴ. D시에 있는 또 다른 대표적 회사 B에서 동일한 설문조사를 했는데 회사 A에서와 거의 비슷한 결과가 나왔다는 사실은 위 논증의 결론을 강화한다.

ㄷ. D시에 있는 대부분의 회사들에 비해 회사 A의 직원들이 회사물품을 사적으로 사용한 정도가 심했던 것으로 밝혀졌다는 사실은 위 논증의 결론을 약화한다.

① ㄱ　　② ㄷ

③ ㄱ, ㄴ　　④ ㄴ, ㄷ

⑤ ㄱ, ㄴ, ㄷ

ㄱ. 위 논증의 결론은 "D시의 회사원들은 낮은 청렴도를 가졌다고 평가할 수 있다"이다. 설문조사에 응한 회사 A의 직원들이 회사물품에 대한 사적 사용 정도를 실제보다 축소하여 답한 경우가 많았다는 것은 조사 결과보다 더 낮은 청렴도를 가졌다는 것을 의미하므로, 위 논증의 결론을 강화하는 사실이 된다. 따라서 'ㄱ'은 적절한 평가가 된다.

ㄴ. D시에 있는 다른 회사 B에서 조사한 결과도 회사 A와 비슷하게 나왔다는 사실은 위 논증의 결론을 강화하는 평가에 해당한다. 따라서 'ㄴ'도 적절하다.

ㄷ. D시에 있는 다른 대부분의 회사들보다 회사 A의 직원들의 사적 사용 정도가 심했다는 사실은 위

의 논증을 약화시키는 평가에 해당한다. 즉, 이 경우 D시의 다른 회사의 직원들은 회사 A의 직원들보다 청렴도가 높다고 볼 수 있으므로, D시의 회사원들이 낮은 청렴도를 가졌다고 평가하기 어렵다는 것이다. 따라서 'ㄷ'도 적절한 평가에 해당한다.

11 ○○○○공사의 직원 A는 회사에서 개최하는 포럼의 일정을 조정하고 있다. A가 고려해야 할 사항들이 다음과 같을 때, 반드시 참이라고는 할 수 없는 것은?

- 포럼은 개회사, 발표, 토론, 휴식으로 구성하며, 휴식은 생략할 수 있다.
- 포럼은 오전 9시에 시작하여 늦어도 당일 정오까지는 마쳐야 한다.
- 개회사는 포럼 맨 처음에 10분 또는 20분으로 한다.
- 발표는 3회까지 계획할 수 있으며, 각 발표시간은 동일하게 40분으로 하거나 동일하게 50분으로 한다.
- 각 발표마다 토론은 10분으로 한다.
- 휴식은 최대 2회까지 가질 수 있으며, 1회 휴식은 20분으로 한다.

① 발표를 2회 계획한다면, 휴식을 2회 가질 수 있는 방법이 있다.
② 발표를 2회 계획한다면, 오전 11시 이전에 포럼을 마칠 방법이 있다.
③ 발표를 3회 계획하더라도, 휴식을 1회 가질 수 있는 방법이 있다.
④ 각 발표를 50분으로 하더라도, 발표를 3회 가질 수 있는 방법이 있다.
⑤ 각 발표를 40분으로 하고 개회사를 20분으로 하더라도, 휴식을 2회 가질 수 있는 방법이 있다.

정답 해설 제시된 고려 사항을 통해 다음과 같이 정리할 수 있다.

- 포럼은 오전 9시에 시작하여 당일 정오까지는 마쳐야 하므로, 모두 180분 이내에 마쳐야 함
- 포럼의 구성은 개회사, 발표, 토론, 휴식으로 구성되며, 이 중 휴식만 생략 가능함

④와 같이 각 발표를 50분씩 3회를 하는 경우, "개회사(최소 10분)+발표 3회(150분)+토론 3회(30분)=190분"이 소요된다. 따라서 ④의 경우 최소 190분이 소요되므로, 참이라 볼 수 없다.

① 발표를 40분씩 2회 계획하는 경우 발표와 토론은 총 100분이 소요된다. 따라서 개회사(10분 내지 20분)를 하더라도 휴식 2회(40분)가 가능하다. 따라서 ①은 참이 된다.

② 발표를 40분씩 2회 계획하는 경우 발표와 토론은 총 100분이 소요되므로, 휴식을 생략하는 경우 개회사까지 120분 이내에 포럼을 마칠 수 있다. 따라서 ②도 참이 된다.

③ 발표를 40분씩 3회를 계획하는 경우 발표와 토론의 총 소요 시간은 150분이 된다. 따라서 개회사를 10분만 하는 경우 휴식을 1회(20분) 가지더라도 모두 180분 이내에 마칠 수 있다. 따라서 ③도 참이 된다.

⑤ 발표를 2회 계획하는 경우 발표와 토론의 총 소요 시간은 최대 120분이며, 개회사를 20분으로 하더라도 휴식 2회(40분)를 가질 수 있다. 따라서 ⑤도 참이다.

12 다음의 〈정의〉에 따를 때, 서로 모순되는 주장의 쌍으로 묶인 것은?

정의

"서로 모순되는 주장들"은 하나의 주장이 참이라면 다른 하나의 주장은 거짓이고, 또한 하나의 주장이 거짓이라면 다른 하나의 주장은 참이 된다.

① 정치가 중 정직한 사람은 거의 없다.
정직한 사람들 중 대부분은 정치가이다.

② 핵전쟁이 일어난다면 아무도 살아남지 못한다.
핵전쟁이 일어나도 하늘이 돕는 사람은 살아남는다.

③ 완벽한 정부는 있을 수 없다.
모든 국민의 지지를 받을 수 있다면, 완벽한 정부는 있을 수 있다.

④ 그 문제는 아무도 풀 수 없거나 잘못된 문제이다.
그 문제는 잘못되지 않았고 누군가는 그 문제를 풀 수 있다.

⑤ 경제가 발전하기 위해서는 노사관계가 안정되어야 한다.
노사관계가 안정되었지만 경제가 발전하지 않았다.

정답 해설 ④의 첫 문장인 '그 문제는 아무도 풀 수 없거나 잘못된 문제이다'는 그 문제가 잘못되지 않았다면 아무도 풀 수 없을 것이고, 누군가 문제를 풀었다면 그 문제는 잘못되었다는 의미가 된다. 그런데 두 번째 문장은 그 문제는 잘못되지 않았고 누군가 그 문제를 풀 수 있다고 했으므로, 첫 번째 문장과 모순되는 주장이 된다.

오답 해설 ① '정치가 중 정직한 사람은 거의 없다'는 의미는 정치가 중 정직한 사람이 없다는 의미가 아니라 그 중 소수가 정직한 사람이라는 의미이다. 따라서 이는 두 번째 문장과 모순되지 않는다. 정직한 사람이 아주 소수이고 그 사람들의 대부분이 정치가일 수 있기 때문이다.

②·③ 두 번째 문장에서 첫 번째 문장에 언급되지 않았거나 그와 다른 조건이 제시된 경우에 해당한다. 첫 번째 문장에서 이러한 조건을 제약하는 내용이 언급되지 않았으므로, 두 문장이 서로 모순되는 주장으로 볼 수는 없다. 즉, ②의 경우 두 번째 문장에서 '하늘이 돕는 사람'이라는 조건이 붙었으므로, 핵전쟁이 일어나더라도 하늘이 돕는 사람이라면 살아남을 수 있다는 의미가 되어 서로 모순이 되지 않는다. ③의 경우도 '모든 국민의 지지를 받을 수 있다면'이라는 조건이 붙었으므로, 만일 모든 국민의 지지를 받을 수 있다면 완벽한 정부가 될 수 있다는 의미가 되어 모순되지 않는다.

⑤ 첫 번째 문장에서 노사관계의 안정은 경제가 발전하기 위한 필요조건이 된다. 따라서 노사관계가 안정되는 경우 반드시(언제나) 경제가 발전하는 것은 아니다. 따라서 이는 두 번째 문장과 모순되지 않는다.

13 다음 글의 내용이 모두 참일 때, 반드시 참인 것은?

- 도덕성에 결함이 있는 어떤 사람도 공사의 직원으로 채용되지 않는다.
- 업무 능력을 검증받았고 인사추천위원회의 추천을 받았으며 직업관이 투철한, 즉 이 세 조건을 모두 만족하는 지원자는 누구나 올해 직원으로 채용된다.
- 올해 공사의 직원으로 채용되는 사람들 중에 봉사정신이 없는 사람은 아무도 없다.
- 직업관이 투철한 철수는 올해 공사 직원 채용 시험에 지원하여 업무 능력을 검증받았다.

① 만일 철수가 도덕성에 결함이 없다면, 그는 올해 공사의 직원으로 채용된다.
② 만일 철수가 봉사정신을 갖고 있다면, 그는 올해 공사의 직원으로 채용된다.
③ 만일 철수가 도덕성에 결함이 있다면, 그는 인사추천위원회의 추천을 받지 않았다.
④ 만일 철수가 올해 공사의 직원으로 채용된다면, 그는 인사추천위원회의 추천을 받았다.
⑤ 만일 철수가 올해 공사의 직원으로 채용되지 않는다면, 그는 도덕성에 결함이 있고 또한 봉사정신도 없다.

정답 해설 제시된 글에서 '도덕성에 결함이 있는 어떤 사람도 공사의 직원으로 채용되지 않는다'고 하였고, 또한 '업무 능력을 검증받았고 인사추천위원회의 추천을 받았으며 직업관이 투철한, 즉 이 세 조건을 모두 만족하는 지원자는 누구나 올해 직원으로 채용된다'고 하였다. 철수의 경우 직업관이 투철하고 업무능력을 검증받았다고 했으므로, 철수가 도덕성에 결함이 있다면 인사추천위원회의 추천을 받지 못해 직원으로 채용되지 못한 것이 된다. 따라서 ③의 진술은 반드시 참이 된다.

오답 해설
① 도덕성에 결함이 없다고 하여도 인사추천위원회의 추천을 받아야 직원으로 채용될 수 있다고 하였다. 따라서 ①의 경우 반드시 참이라 할 수는 없다.
② 봉사정신을 갖고 있다고 해서 공사의 직원으로 채용되는 것은 아니므로, ②도 반드시 참이 되는 것은 아니다.
④ 업무 능력을 검증받고 인사추천위원회의 추천을 받았으며, 직업관이 투철한 지원자는 누구나 올해 직원으로 채용된다고 하였으나, 이 세 가지 조건을 모두 만족하여야만 채용된다고는 하지는 않았다. 따라서 철수가 올해 공사의 직원으로 채용된다고 해서 인사추천위원회의 추천을 받았다고 단정할 수는 없다. 따라서 ④도 반드시 참이라고 할 수는 없다.
⑤ 인사추천위원회의 추천을 받지 않아 채용되지 않을 수도 있으므로, ⑤도 반드시 참이 되는 것을 아니다.

정답 12 ④ | 13 ③

14 다음 글의 실험 결과를 가장 잘 설명하는 가설은?

상추씨를 임의로 (가)~(라)군으로 나눈 후, (가)군에는 적색광을 1분간 조사(照射)했다. (나)군에는 (가)군과 같이 처리한 후 근적외선을 4분간 추가로 조사했다. (다)군에는 (나)군과 같이 처리한 후 적색광을 1분간 추가로 조사했다. (라)군에는 (다)군과 같이 처리한 후 근적외선을 2분간 추가로 조사했다. 광선의 조사가 끝난 각 군의 상추씨들은 바로 암실로 옮겨졌다. 다음날 상추씨의 발아율을 측정해 보니, (가)군과 (다)군의 발아율은 80% 이상이었으며, (나)군은 2%, (라)군은 3%로 나타났다. 처음부터 암실에 두고 광선을 전혀 조사하지 않은 대조군의 발아율은 3%였다.

① 상추씨의 발아율은 근적외선의 조사 시간과 비례한다.
② 상추씨의 발아율을 높이려면 적색광을 마지막에 조사해야 한다.
③ 상추씨의 발아율을 높이려면 적색광과 근적외선을 번갈아 조사해야 한다.
④ 상추씨의 발아율은 근적외선의 효과가 적색광의 효과를 얼마나 상쇄하는가에 달려 있다.
⑤ 상추씨의 발아율을 높이려면 적색광을 조사한 횟수가 근적외선을 조사한 횟수보다 더 적어야 한다.

정답 해설 제시된 실험의 결과 (가)와 (다)군이 (나)군과 (라)군에 비해 훨씬 높은 발아율을 기록하였다. (가)군에서는 적색광을 1분간 조사하였고, (다)군에서는 적색광을 1분 조사한 후 근적외선을 4분, 마지막으로 적색광을 1분 추가로 조사하였다. (가)군과 (다)군을 발아율이 낮은 (나)군과 (라)과 대조해 볼 때, 근적외선이 아니라 적색광을 마지막에 조사했다는 점을 확인할 수 있다. 따라서 실험 결과를 가장 잘 설명한 것은 ②이다.

오답 해설
① 상추씨의 높은 발아율은 근적외선이 아니라 적색광을 마지막에 조사한 사실과 관련된다.
③ 적색광과 근적외선을 번갈아 조사한 (나)군과 (라)군의 발아율의 낮다는 실험 결과와 다른 내용이다.
④ 실험 결과를 통해 판단할 때, 근적외선이 적색광의 효과를 상쇄하는 경우 발아율이 오히려 낮아진다.
⑤ 적색광을 마지막에 조사하여야 상추씨의 발아율이 높아진다.

15 다음의 빈칸에 들어갈 말로 가장 적합한 것은?

지난해 부산지방경찰청에서는 300억 원 상당의 물품을 압수하였으며, 그 중 150억 원에 달하는 자동차, 보석류, 컴퓨터 등이 금주 토요일 경매에 (　　)할(될) 예정이다. 이 물품들은 모두 상태가 양호하며 당 행사에서 바로 판매될 것이다.

① 낙찰
② 응찰
③ 입찰
④ 상장
⑤ 회부

정답 해설 의미상 '입찰'이 적합하다. '입찰'은 '상품의 매매나 도급 계약을 체결할 때 여러 희망자들에게 각자의 낙찰 희망 가격을 서면으로 제출하게 하는 일'을 뜻한다.

오답 해설
① '낙찰'은 '경매나 경쟁입찰 등에서 물건이나 일이 일정한 가격으로 결정되는 것'을 의미한다.
② '응찰'은 '입찰에 참가함'이라는 의미이다.
④ '상장'은 '주식이나 어떤 물건을 매매 대상으로 하기 위해 해당 거래소에 일정 자격 · 조건을 갖춘 거래 물건으로서 등록하는 일'을 의미한다.
⑤ '회부'는 '물건이나 사건 등을 어떤 대상이나 과정으로 돌려보내거나 넘김'의 의미이다.

1DAY 2DAY 3DAY

정답 14 ② | 15 ③

16 다음 문장의 밑줄 친 부분과 같은 의미로 사용된 것은?

경제적 생산 과정 안에서 벌어지는 여러 가지 유형의 노동 통제 외에 생산 과정 바깥에서도 전사회적으로 냉전, 반공, 숭미(崇美) 이데올로기에 의한 국가관의 확산, 가부장적 이데올로기의 강조, 질서와 능력, 이성과 합리의 이름으로 은폐된 국가 권력의 공고화와 저항 세력의 억압이 행해진다.

① 선생님은 딸아이의 이름을 순 우리말로 지었다.
② 저기 있는 식당은 전주비빔밥으로 이름난 식당이다.
③ 문제의 단체는 수재민 구호라는 이름으로 사기를 쳤다.
④ 그러한 행동은 제 이름을 스스로 깎아 내리는 것이다.
⑤ 예수 그리스도의 이름으로 기도합니다.

정답해설 제시문의 밑줄 친 '이름'은 '겉으로 내세우는 구실이나 명분, 까닭' 등을 의미한다. ③의 경우도 이러한 의미로 사용되었다.

오답해설 ① 여기서의 '이름'은 '사람의 성(姓) 다음에 붙어 다른 사람과 구별하는 부르는 말'이라는 의미이다.
② '세상에 널리 알려진 소문이나 평판, 명성'을 의미한다.
④ '명예나 체면, 체통'을 의미한다.
⑤ '대신하여, 권위를 빌려'라는 의미로 사용되었다.

17 다음 글을 알맞은 순서대로 바르게 배열한 것은?

(가) 정부에서 내놓은 1차 국가에너지기본계획서에서 강조하고 있는 것은 크게 세 가지로 볼 수 있다. 첫째 석유 의존도 축소, 둘째 에너지 효율성 개선, 셋째 그린에너지 산업 성장 동력화다. 사실 이 세 가지가 서로 다른 문제는 아니다.

(나) 그렇다면 신재생에너지와 이 국가적 규모의 정책 기조와의 관계를 살펴보는 것은 매우 중요하다. 정부 스스로 60년 앞을 내다보는 계획을 제출했다고 천명했으므로, 신재생에너지를 산업분야로서 주목하지 않을 수 없는 것이다.

(다) 정부가 '저탄소 녹색성장'을 향후 60년의 새로운 국가 비전으로 제시한 것도 이런 세계적 트렌드의 변화를 대비한 선제적 포석인 셈이다. '저탄소, 친환경'이라는 인식이 전 세계적으로 통용되는 상황에서 이미 단순 경제 성장 논리에 익숙한 우리에게는 더 이상 미룰 수 없는 과제적 성격을 가지는 것이기도 하다.

(라) 우리나라는 세계 10대 에너지 소비국이다. 그런데 이 에너지의 97퍼센트를 해외 수입에 의존하고 있다. 향후 온실가스 감축 의무가 부과될 경우, 우리나라 경제가 안게 될 부담은 상상 이상일 수 있다. 기후변화 문제가 심각해질수록 국제사회는 점차 강한 규제를 통해 각국의 탄소 배출을 강제할 것이다.

–「저탄소 녹색성장 어떻게 가능할까?」(청소년을 위한 미래과학 교과서)

① (가) – (나) – (라) – (다)
② (가) – (다) – (나) – (라)
③ (라) – (가) – (나) – (다)
④ (라) – (나) – (가) – (다)
⑤ (라) – (다) – (나) – (가)

정답 해설 (다)에서는 정부가 세계적 트렌드의 변화에 대비하여 '저탄소 녹색성장'을 새로운 국가 비전으로 제시하였다고 했는데, 여기서의 "세계적 트렌드 변화"는 (라)에 제시되어 있다. 즉, (라)에서는 이를 온실가스 감축 의무의 부과와 각국의 탄소 배출 강제를 통해 언급하였다. 따라서 (다)는 (라) 바로 다음에 이어져야 한다. 다음으로 (나)에서 언급된 '신재생에너지와 이 국가적 규모의 정책 기조'는 (다)에서 언급된 '저탄소 녹색성장'의 국가 비전을 받는 내용이므로, (나)는 (다) 다음에 바로 이어져야 한다. 마지막으로 (가)의 내용은 (나)에서 언급한 정부 스스로 60년 앞을 내다보고 제출한 계획을 구체적으로 설명한 것이므로, (나) 다음에 이어져야 한다.
따라서 제시된 글을 알맞은 순서대로 배열하면 '(라) – (다) – (나) – (가)'의 순서가 된다.

정답 16 ③ | 17 ⑤

[18~19] 다음은 A, B, C, D, E 5개 회사가 동종의 제품 시장에서 차지하는 생산량의 구성 비율과 생산량 변동 추이를 나타낸 것이다. 이를 토대로 다음 물음에 답하시오.

〈표1〉 2013년도 제품 생산량 구성 비율

회사	A사	B사	C사	D사	E사	기타
제품 생산량 구성 비율	17%	18%	12%	25%	15%	13%

[합계 : 100%]

〈표2〉 생산량 지수(2013년 지수를 100으로 한 지수)

연도	A사	B사	C사	D사	E사
2013	100	100	100	100	100
2014	120	130	95	125	85
2015	135	155	55	140	60
2016	125	175	70	155	40
2017	125	185	50	150	40

18 2015년에 제품 생산량이 가장 많은 회사와 생산량의 구성 비율로 가장 알맞은 것은?

① A사, 22.95%
② B사, 27.9%
③ B사, 45.9%
④ D사, 25.0%
⑤ D사, 35.0%

정답 해설 2013년도 제품 생산량의 구성 비율을 기준으로 하여 지수 변동을 비교해 볼 때, 2013년도 생산량의 구성 비율이 크면서도 2015년도 생산량 지수가 많이 증가한 B사와 D사의 생산량이 많다는 것을 알 수 있다. B사의 경우 2015년도 생산량 구성 비율은 '$18\% \times \frac{155}{100} = 27.9\%$'이며, D사의 경우

'25% × $\frac{140}{100}$ = 35.0%'이다. 따라서 2015년도 생산량이 가장 많은 회사는 D사이며, 생산량 구성 비율은 35.0%이다.

19 위의 두 표를 참고로 할 때, 다음 설명 중 옳은 것은?

① 2013년도 5개 회사의 생산량은 같다.

② 2017년 제품 생산량 구성 비율은 B사가 가장 크다.

③ A사의 2017년도 생산량은 2016년과 같다.

④ 2017년도 C사와 E사의 생산량은 같다.

⑤ 2013년도 대비 2017년 생산량 구성 비율이 가장 크게 감소한 회사는 C사이다.

정답 해설 2017년도 생산량 구성 비율을 구하기 위해서는 2013년 생산량 구성 비율에 2017년 생산량 지수의 변동 비율을 적용해야 하므로, C사의 경우 '12% × $\frac{50}{100}$ = 6%'이고 E사의 경우 '15% × $\frac{40}{100}$ = 6%'가 된다. 두 회사의 생산량 구성 비율이 같다는 것은 두 회사의 생산량이 같다고 할 수 있다.

오답 해설
① 생산량 구성 비율을 통해 볼 때 5개 회사의 2013년도 생산량이 각기 다름을 알 수 있다.
② 2013년도 제품 생산량 구성 비율과 생산량 지수의 변동추이를 비교해 보면, D사와 B사가 2017년 생산량 구성 비율이 크다는 것을 알 수 있다. 2017년의 제품 생산량 구성 비율은 D사가 '25% × $\frac{150}{100}$ = 37.5%'이고, B사가 '18% × $\frac{185}{100}$ = 33.3%'이므로, D사가 가장 크다.
③ 제시된 것은 생산량의 구성 비율과 기준지수로 환산한 생산량 변동 추이인데, 이것만으로는 구체적인 생산량을 알 수는 없으므로 두 연도의 생산량을 비교할 수는 없다. 다만, A~E 5개 회사만을 두고 봤을 때, A회사의 두 연도의 생산량 구성 비율(생산량 지수)이 같은데 비해 5개 회사의 생산량 지수의 합은 2016년도에 565에서 2017년도에 550로 줄었다. 이는 상대적으로 A회사가 생산시장에서 차지하는 생산량 구성 비율이 2017년도에 더 높아졌다는 것을 의미하므로, 생산량도 증가했다고 할 수 있다.
⑤ 생산량 지수를 비교할 때, 2013년도 대비 2017년 생산량 구성 비율이 가장 크게 감소한 회사는 E사이다('15%'에서 '6%'로 감소).

[20~21] 다음은 철도의 용도별 관련 현황을 나타낸 자료이다. 물음에 답하시오.

구 분	철도 개수	총 길이(km)	총 건설비(억 원)
화물운송 전용 철도	6	83	1,700
여객운송 전용 철도	11	165	2,150
복합운송용 철도	13	250	3,400
관광 전용 철도	2	24	200

20 화물을 운송할 수 있는 철도와 사람을 수송할 수 있는 철도의 총 길이는 각각 얼마인가?

① 357km, 439km
② 333km, 439km
③ 333km, 415km
④ 83km, 415km
⑤ 83km, 165km

정답해설 화물을 운송할 수 있는 철도는 화물운송 전용 철도와 복합운송용 철도이다. 두 철도의 길이를 합한 총 길이는 '83+250=333(km)'이다.
사람을 수송할 수 있는 철도는 여객운송 전용 철도와 복합운송용 철도, 관광 전용 철도이다. 세 철도의 총 길이는 '165+250+24=439(km)'이다.

21 여객만을 운송할 수 있는 철도의 1km당 건설비는 대략 얼마인가?

① 7.7억 원
② 11.4억 원
③ 13.0억 원
④ 14.8억 원
⑤ 15.6억 원

정답해설 여객운송 전용 철도의 1km당 건설비는 '2,150(억 원)÷165(km)≒13.03(억 원)'이다.

[22~23] 다음은 식품 A, B의 구성 성분을 모두 분석하여 그 중량 비율에 따라 표시한 성분 비율이다. 이를 토대로 하여 다음 물음에 답하시오.

구 분	A식품 구성 성분(%)	B식품 구성 성분(%)
탄수화물	28.8	7.4
지 방	19.1	5.7
단 백 질	35.6	( )
수 분	( )	65.6
기 타	5.8	8.1

(전체 구성 성분 : 100%)

22 다음 설명 중 옳지 않은 것은?

① A식품의 수분 비율은 10.7%이다.

② B식품의 단백질 비율은 13.2%이다.

③ A식품에서는 단백질의 비중이, B식품에서는 수분의 비중이 가장 크다.

④ A식품의 중량이 300g일 때 여기에 포함된 탄수화물 성분의 중량은 86.4g이다.

④ B식품의 중량이 500g일 때 여기에 포함된 단백질 성분의 중량은 61g이다.

정답해설 식품 구성 성분의 합이 100%이므로, B식품의 단백질 비율은 13.2%가 된다. 따라서 B식품이 500g인 경우 여기에 포함된 단백질 성분의 중량은 '500 × 0.132 = 66(g)'이 된다. 따라서 ⑤는 옳지 않다.

오답해설 ① 식품 구성 성분의 합이 100%이므로, A식품의 수분 비율은 '100－28.8－19.1－35.6－5.8＝10.7(%)'이 된다.

② 식품의 전체 구성 성분이 100%이므로, B식품의 단백질 비율은 13.2%이다.

③ 식품 구성 비율로 볼 때, A식품에서는 단백질의 비율이 가장 크고, B식품에서는 수분의 비율이 가장 크다.

④ A식품이 300g인 경우 탄수화물의 중량은 '300 × 0.288＝86.45(g)'이 된다.

23 B식품에서 수분을 완전히 제거한 후 구성 성분의 비율을 다시 분석할 때, 이 식품 속에 함유된 탄수화물의 성분 비율은 대략 얼마인가?

① 7.4%　　② 14.8%

③ 21.5%　　④ 30.6%

⑤ 37.0%

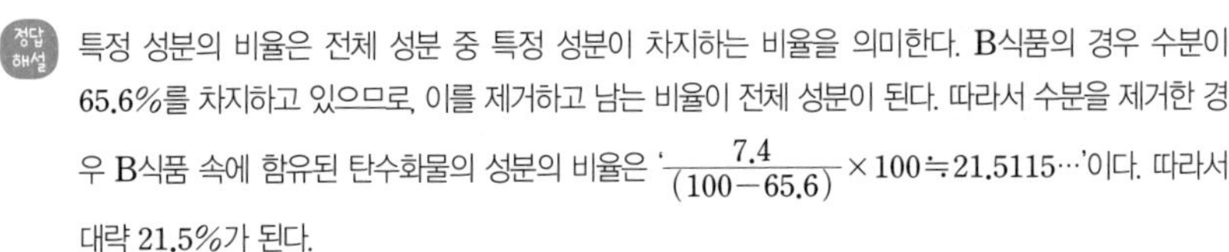

정답해설 특정 성분의 비율은 전체 성분 중 특정 성분이 차지하는 비율을 의미한다. B식품의 경우 수분이 65.6%를 차지하고 있으므로, 이를 제거하고 남는 비율이 전체 성분이 된다. 따라서 수분을 제거한 경우 B식품 속에 함유된 탄수화물의 성분의 비율은 '$\frac{7.4}{(100-65.6)} \times 100 \fallingdotseq 21.5115\cdots$'이다. 따라서 대략 21.5%가 된다.

[24~25] 다음은 주요 교통수단별 인구 10만 명당 교통사고 사망자 수를 나타낸 자료이다. 이를 토대로 다음에 물음에 알맞은 답을 고르시오.

교통수단 \ 연도	2002	2004	2006	2008	2010
A	31.5	28.2	25.5	23.3	24.3
B	24.5	22.0	21.4	20.0	21.3
C	14.1	18.9	19.4	21.6	24.4
D	4.2	5.5	6.7	7.3	8.9
E	1.5	2.0	2.2	2.1	4.9
F	5.2	7.0	6.5	5.3	5.1

24 다음 중 인구 10만 명당 교통사고 사망자 수의 연도별 차이가 가장 큰 교통수단은 무엇인가?

① A ② B
③ C ④ D
⑤ E

정답해설 제시된 연도별 인구 10만 명당 교통사고 사망자 수를 비교하면 된다. 교통수단 C의 경우 2010년의 인구 10만 명당 교통사고 사망자 수는 24.4명이고 2002년의 경우 14.1명이므로, 그 차이가 10.3명으로 다른 교통수단의 경우보다 크다.

25 다음 설명 중 가장 옳지 않은 것은?

① 제시된 연도별 교통사고 사망자 수의 경우 모두 A에 의한 경우가 가장 많다.
② 2008년까지 A, B에 의한 교통사고 사망자 수는 감소하는 추세를 보이고 있다.
③ C에 의한 사고의 경우 인구 10만 명당 사망자 수는 지속적으로 증가하고 있다.
④ E에 의한 교통사고 사망자 수는 매년 가장 낮은 수치를 기록하고 있다.
⑤ 2002년에 비해서 2010년 인구 10만 명당 사망자 수가 증가한 것은 C, D, E이다.

정답해설 2002년에서 2008년까지의 교통사고 사망자 수는 A에 의한 경우가 가장 많으나, 2010년의 경우 C에 의한 사망자 수가 더 많다. 따라서 ①은 옳지 않다.

오답해설
② 2002년부터 2008년까지 교통수단 A와 B에 의한 사망자 수는 지속적으로 감소하고 있다.
③ 교통수단 C의 경우 인구 10만 명 사망자 수는 지속적으로 증가하고 있다.
④ 교통수단 E의 경우 인구 10만 명 사망자 수가 제시된 짝수 연도에서 항상 가장 낮은 수치를 보이고 있다. 따라서 다른 교통수단과의 증감 추이를 비교해 볼 때, 매년 가장 낮은 수치를 기록하고 있다고 추론할 수 있다.
⑤ 제시된 표에서 확인할 수 있는 내용이다.

26 다음은 어느 대학의 금년도 응시자와 합격자 수를 나타낸 표이다. 가장 경쟁률이 높은 학과와 대략적인 경쟁률은 얼마인가?

구 분	응시자 수(명)	합격자 수(명)
인문과학부	1,200	500
사회과학부	2,130	880
자연과학부	1,830	750

① 인문과학부, 1 : 2.4
② 사회과학부, 1 : 2.42
③ 자연과학부, 1 : 2.42
④ 사회과학부, 1 : 2.44
⑤ 자연과학부, 1 : 2.44

정답해설 여기서의 경쟁률은 합격자 수 대비 지원자 수를 말하므로, 합격자 수가 1일 때 지원자 수의 비를 구하면 된다.

우선, 인문과학부의 경쟁률(x)을 구하면, '1:500 = x:1,200'에서 '$x = \frac{1,200}{500} = 2.4$'가 된다. 따라서 인문과학부의 경쟁률은 '1:2.4'이다.

마찬가지 방법으로 경쟁률을 구하면, 사회과학부의 경쟁률은 대략 '1:2.42', 자연과학부의 경쟁률은 '1:2.44'가 된다. 따라서 가장 경쟁률이 높은 것은 자연과학부이며, 경쟁률은 '1:2.44'이다.

27 다음 〈표〉는 '갑'국의 8개국 대상 해외직구 반입동향을 나타낸 자료이다. 〈조건〉의 설명에 근거하여 〈표〉의 C, D, E에 해당하는 국가를 순서대로 바르게 나열한 것은?

〈표〉 '갑'국의 8개국 대상 해외직구 반입동향

(단위 : 건, 천 달러)

연도	반입방법 / 국가	목록통관		EDI 수입		전체	
		건수	금액	건수	금액	건수	금액
2013	미국	3,254,813	305,070	5,149,901	474,807	8,404,714	779,877
	중국	119,930	6,162	1,179,373	102,315	1,299,303	108,477
	독일	71,687	3,104	418,403	37,780	490,090	40,884
	영국	82,584	4,893	123,001	24,806	205,585	29,699
	프랑스	172,448	6,385	118,721	20,646	291,169	27,031
	일본	53,055	2,755	138,034	21,028	191,089	23,783
	(A)	161	4	90,330	4,082	90,491	4,086
	호주	215	14	28,176	2,521	28,391	2,535
2014	미국	5,659,107	526,546	5,753,634	595,206	11,412,741	1,121,752
	(B)	170,683	7,798	1,526,315	156,352	1,696,998	164,150
	독일	170,475	7,662	668,993	72,509	839,468	80,171
	프랑스	231,857	8,483	336,371	47,456	568,228	55,939
	(C)	149,473	7,874	215,602	35,326	365,075	43,200
	(D)	87,396	5,429	131,993	36,963	219,389	42,392
	뉴질랜드	504	16	108,282	5,283	108,786	5,299
	(E)	2,089	92	46,330	3,772	48,419	3,864

1DAY 2DAY 3DAY

조건

㉠ 2014년 중국 대상 해외직구 반입 전체 금액은 같은 해 독일 대상 해외직구 반입 전체 금액의 2배 이상이다.

㉡ 2014년 영국과 호주 대상 EDI 수입 건수 합은 같은 해 뉴질랜드 대상 EDI 수입 건수의 2배보다 작다.

㉢ 2014년 호주 대상 해외직구 반입 전체 금액은 2013년 호주 대상 해외직구 반입 전체 금액의 10배 미만이다.

㉣ 2014년 일본 대상 목록통관 금액은 2013년 일본 대상 목록통관 금액의 2배 이상이다.

① 중국, 영국, 호주
② 일본, 중국, 호주
③ 중국, 호주, 영국
④ 일본, 영국, 호주
⑤ 일본, 호주, 영국

정답해설 8개 국가를 대상으로 해외직구 반입동향을 조사하였다고 했으므로, (A)국가는 뉴질랜드가 된다는 것을 알 수 있다. 제시된 〈조건〉에 따라 나머지 국가를 살펴보면 다음과 같다.

㉠ 2014년 독일 대상 해외직구 반입 전체 금액(80,171천 달러)의 2배 이상인 국가는 미국과 (B)국뿐이므로, (B)의 국가는 중국이 된다.

㉡ 2014년 두 국가 대상 EDI 수입 건수 합이 뉴질랜드 대상 EDI 수입 건수의 2배(216,564건)보다 작은 것은 (D)와 (E)밖에 없으므로, 영국과 호주는 (D) 또는 (E)의 국가가 된다.

㉢ 2013년 호주 대상 해외직구 반입 전체 금액의 10배(25,350천 달러) 미만인 국가는 뉴질랜드와 (E)국가뿐이므로, (E)는 호주가 된다. 또한 ㉡에 따라 (D)는 영국이 된다.

㉣ 남은 (C)국가는 일본이 된다. 일본의 2014년 일본 대상 목록통관 금액은 2013년 일본 대상 목록통관 금액의 2배(5,510천 달러) 이상이다.

따라서 (C)국가는 일본, (D)국가는 영국, (E)국가는 호주이다.

28 다음 〈표〉는 갑, 을, 병 회사의 부서 간 정보교환을 나타낸 것이다. 〈표〉와 〈조건〉을 이용하여 작성한 각 회사의 부서 간 정보교환 형태가 〈그림〉과 같을 때, 〈그림〉의 (A)~(C)에 해당하는 회사를 바르게 나열한 것은?

〈표1〉 '갑' 회사의 부서 간 정보교환

부서	a	b	c	d	e	f	g
a		1	1	1	1	1	1
b	1		0	0	0	0	0
c	1	0		0	0	0	0
d	1	0	0		0	0	0
e	1	0	0	0		0	0
f	1	0	0	0	0		0
g	1	0	0	0	0	0	

〈표2〉 '을' 회사의 부서 간 정보교환

부서	a	b	c	d	e	f	g
a		1	0	0	0	0	1
b	1		1	0	0	0	0
c	0	1		1	0	0	0
d	0	0	1		1	0	0
e	0	0	0	1		1	0
f	0	0	0	0	1		1
g	1	0	0	0	0	1	

〈표3〉 '병' 회사의 부서 간 정보교환

부서	a	b	c	d	e	f	g
a		1	1	0	0	0	0
b	1		0	1	1	0	0

정답 28 ③

c	1	0		0	0	1	1
d	0	1	0		0	0	0
e	0	1	0	0		0	0
f	0	0	1	0	0		0
g	0	0	1	0	0	0	

※ 갑, 을, 병 회사는 각각 a~g의 7개 부서만으로 이루어지며, 부서 간 정보교환이 있으면 1, 없으면 0으로 표시함.

조건

- 점(•)은 부서를 의미한다.
- 두 부서 간 정보교환이 있으면 두 점을 선(—)으로 직접 연결한다.
- 두 부서 간 정보교환이 없으면 두 점을 선(—)으로 직접 연결하지 않는다.

그림

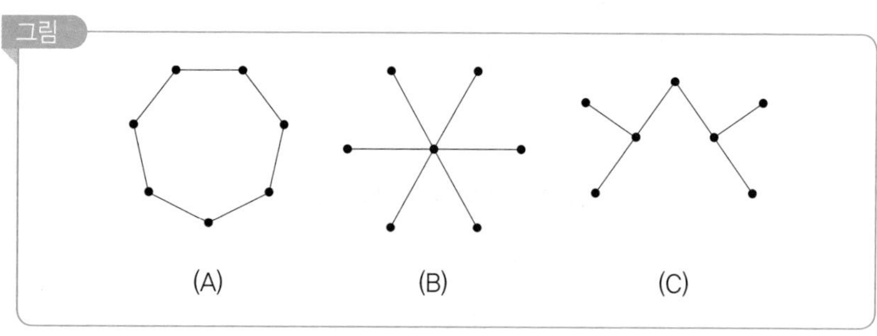

	(A)	(B)	(C)
①	갑	을	병
②	갑	병	을
③	을	갑	병
④	을	병	갑
⑤	병	갑	을

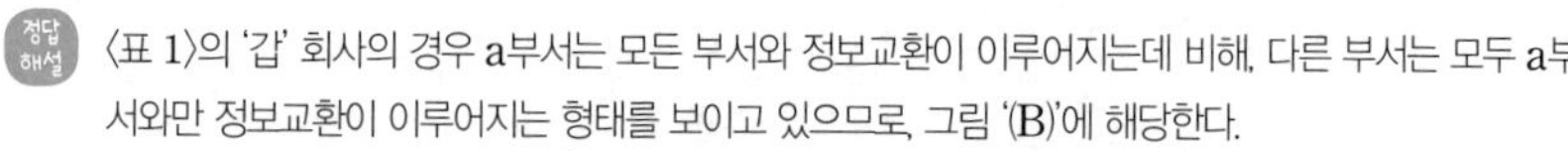

정답 해설 〈표 1〉의 '갑' 회사의 경우 a부서는 모든 부서와 정보교환이 이루어지는데 비해, 다른 부서는 모두 a부서와만 정보교환이 이루어지는 형태를 보이고 있으므로, 그림 '(B)'에 해당한다.

〈표 2〉의 '을' 회사의 경우 a부서는 b, g부서와 정보교환이 이루어지고, b부서는 a, c부서와 정보교환이 이루어지며, c부서는 b, d부서와, d부서는 c, e부서와, e부서는 d, f부서와, f부서는 e, g부서와, g

부서는 f, a부서와 정보교환이 이루어지는 형태이다. 따라서 '을' 회사는 그림 '(A)'에 해당한다.
〈표 3〉의 '병' 회사의 경우 a부서는 b, c의 2개 부서와 정보교환이 이루어지는데 비해, b부서와 c부서는 3개의 부서와 정보교환이 이루어진다. 그리고 나머지 d, e, f, g부서는 하나의 부서와만 정보교환이 이루어진다. 이러한 형태는 그림 '(C)'에 해당한다.
따라서 그림 (A)는 '을', 그림 (B)는 '갑', 그림 (C)는 '병'에 해당한다.

29 다음 〈보고서〉는 2017년 A시의 생활체육 참여실태에 관한 것이다. 〈보고서〉의 내용을 작성하는 데 직접적인 근거로 활용되지 않은 자료는 무엇인가?

〈보고서〉

2017년에 A시 시민을 대상으로 생활체육 참여실태에 대해 조사한 결과 생활체육을 '전혀 하지 않음'이라고 응답한 비율은 51.8%로 나타났다. 반면, 주 4회 이상 생활체육에 참여한다고 응답한 비율은 28.6%이었다.

생활체육에 참여하지 않는 이유에 대해서는 '시설부족'이라고 응답한 비율이 30.3%로 가장 높아 공공체육시설을 확충하는 정책이 필요할 것으로 보인다. 2017년 A시의 공공체육시설은 총 388개소로 B시, C시의 공공체육시설 수의 50%에도 미치지 못하는 수준이다. 그러나 A시는 초등학교 운동장을 개방하여 간이운동장으로 활용할 계획이므로 향후 체육시설에 대한 접근성이 더 높아질 것으로 기대된다.

한편, 2017년 A시 생활체육지도자를 자치구별로 살펴보면, 동구 16명, 서구 17명, 남구 16명, 북구 18명, 중구 18명으로 고르게 분포된 것처럼 보인다. 그러나 2017년 북구의 인구가 445,489명, 동구의 인구가 103,016명임을 고려할 때 생활체육지도자 일인당 인구수는 북구가 24,749명으로 동구 6,439명에 비해 현저히 많아 지역 편중 현상이 존재한다. 따라서 자치구 인구 분포를 고려한 생활체육지도자 양성 전략이 필요해 보인다.

정답 29 ①

① 2017년 생활체육지도자의 도시별 분포

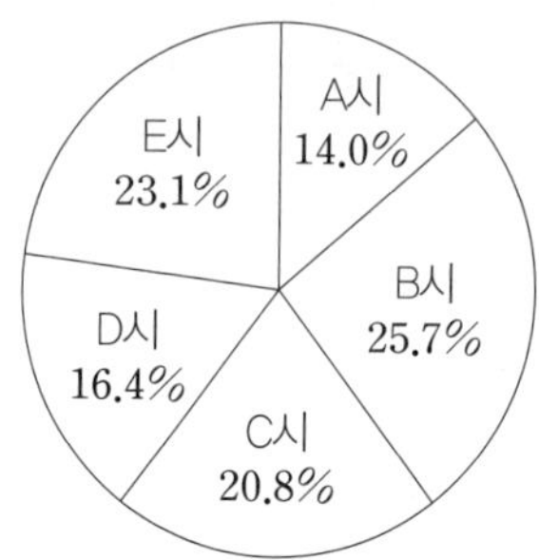

② 연도별 A시 시민의 생활체육 미참여 이유 조사결과

(단위 : %)

이유 연도	시설 부족	정보 부재	지도자 부재	동반자 부재	흥미 부족	기타
2013	25.1	20.8	14.3	8.2	9.5	22.1
2014	30.7	18.6	16.4	12.8	9.2	12.3
2015	28.1	17.2	15.1	11.6	11.0	17.0
2016	31.5	18.0	17.2	10.9	12.1	10.3
2017	30.3	15.2	16.0	10.0	10.4	18.1

③ 2017년 A시 시민의 생활체육 참여 빈도 조사결과

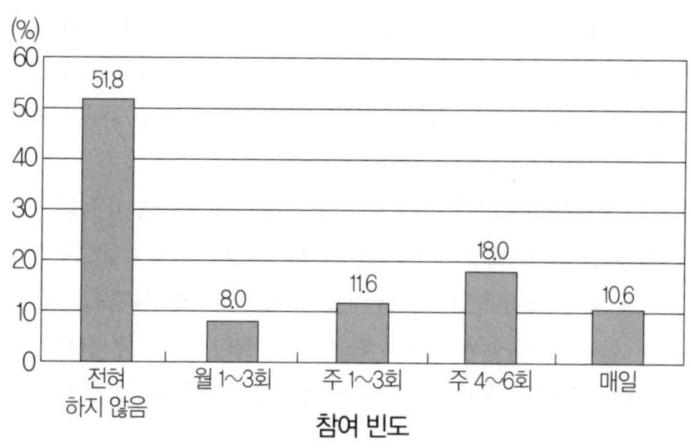

④ 2017년 도시별 공공체육시설 현황

(단위 : 개소)

구분 \ 도시	A시	B시	C시	D시	E시
육상 경기장	2	3	3	19	2
간이운동장	313	2,354	751	382	685
체육관	16	112	24	15	16
수영장	9	86	15	4	11
빙상장	1	3	1	1	0
기타	47	193	95	50	59
계	388	2,751	889	471	773

⑤ 2017년 A시의 자치구 · 성별 인구

(단위 : 명)

성별 \ 자치구	동구	서구	남구	북구	중구	합
남자	51,584	155,104	104,891	221,433	197,204	730,216
여자	51,432	160,172	111,363	224,056	195,671	742,694
계	103,016	315,276	216,254	445,489	392,875	1,472,910

정답 해설 "2017년 생활체육지도자의 도시별 분포"는 생활체육지도사의 도시별 분포율을 제시한 자료이며, 여기에 구체적인 생활체육지도사의 분포 수는 제시되어 있지 않다. 셋째 단락의 '한편, 2017년 A시 생활체육지도자를 자치구별로 살펴보면, 동구 16명, 서구 17명, 남구 16명, 북구 18명, 중구 18명으로 고르게 분포된 것처럼 보인다'라는 부분에서는 생활체육지도사의 분포 비율이 아니라 분포 수를 알 수 있는 자료가 직접적인 근거로 활용될 수 있다. 따라서 ①은 직접적으로 활용된 자료로 볼 수 있다.

오답 해설 ② 둘째 단락의 '생활체육에 참여하지 않는 이유에 대해서는 '시설부족'이라고 응답한 비율이 30.3%로 가장 높아 공공체육시설을 확충하는 정책이 필요할 것으로 보인다'라는 내용을 통해, "연도별 A시 시민의 생활체육 미참여 이유 조사결과"가 직접적인 근거로 활용되었다는 것을 알 수 있다.

③ 첫째 단락의 내용을 통해 "2017년 A시 시민의 생활체육 참여 빈도 조사결과"가 직접적인 근거로 활용되었음을 알 수 있다.

④ 둘째 단락 후반부의 '2017년 A시의 공공체육시설은 총 388개소로 B시, C시의 공공체육시설 수

의 50%에도 미치지 못하는 수준이다. 그러나 A시는 초등학교 운동장을 개방하여 간이운동장으로 활용할 계획이므로'라는 내용을 통해 "2017년 도시별 공공체육시설 현황"이 활용되고 있음을 알 수 있다.

⑤ 셋째 단락의 '그러나 2017년 북구의 인구가 445,489명, 동구의 인구가 103,016명임을 고려할 때'라는 내용에서 "2017년 A시의 자치구 · 성별 인구"가 직접 활용되고 있음을 알 수 있다.

30 다음은 철강 수급난을 해결하기 위해 제시된 〈정책 대안〉과, 각 대안의 〈수립 근거〉이다. 대안과 근거를 모두 옳게 연결한 것은?

〈정책 대안〉

A. 수급 불안정이나 가격 인상 요인 등을 종합 · 검토하여 조기 경보 체제 수립

B. 철강 대리점의 사재기 행위에 대한 집중 단속뿐만 아니라 생산자와 공급자 사이의 직거래를 강화

C. 철강재 총수요의 일정 부분을 해외에서 조달할 수 있도록 수입선 확보

D. 고철 종합단지 조성 등 낙후한 고철 유통망에 대한 제도적 지원을 통하여 고철의 수급 안정 추구

〈수립 근거〉

㉠ 철강재의 수급 불안정이 가시화되고 가격 인상이 발생한 이후에는 수급 안정 대책의 효과가 적다.

㉡ 철강재에 대한 공급원 다변화는 철강재의 안정적 공급과 가격 안정을 도모한다.

㉢ 국내 철강재 시장이 고철 가격의 변화에 의해 영향을 받는다.

㉣ 철강재의 경우 복잡한 유통단계를 거쳐 거래가 이루어지고, 이러한 철강재 유통시장의 불투명성과 정보의 부족이 가격 상승을 유발한다.

	(A)	(B)	(C)	(D)
①	㉠	㉡	㉢	㉣
②	㉠	㉢	㉣	㉡
③	㉠	㉣	㉡	㉢
④	㉡	㉠	㉣	㉢
⑤	㉡	㉣	㉠	㉢

㉠ A 대안이 가장 적합하다. 수급 불안정이 가시화되고 가격 인상된 후에 수급 안정 대책의 효과가 적다는 것은 그 이전에 관련 요인을 종합 · 검토하여 조기 경보 체제를 수립해야 하는 근거가 된다.

㉡ C대안이 가장 적합하다. 즉, 철강재에 대한 공급원 다변화는 철강재의 안정적 공급과 가격 안정을 도모한다고 했으므로, 공급원 다변화를 가능하게 하는 해외 수입선 확보가 적합한 대안이 될 것이다.

㉢ 국내 철강재 시장이 고철 가격의 변화에 의한 영향을 받는다는 점에서 고철의 수급 안정을 추구하는 D대안이 가장 유력하게 검토될 것이다.

㉣ 철강재 유통시장의 복잡성과 불투명성이 정보의 부족과 가격 상승을 유발한다고 하였으므로, 유통단계를 줄이면서 투명하게 개선할 수 있는 B가 가장 적합한 대안이 될 것이다.

따라서 A대안의 수립 근거로는 ㉠, B대안은 ㉣, C대안은 ㉡, D대안은 ㉢이 가장 적절하다.

정답 30 ③

31 **갑은 a지점에서 b지점까지 2km/h로 이동을 하고, 다시 b지점에서 5km 떨어진 c지점까지 3km/h의 속력으로 이동하였다. 갑이 a지점 c지점까지 총 5시간을 이동하였다고 할 때, a지점에서 c지점까지의 총거리는 몇 km인가? (단, a, b, c지점은 일직선상에 있다고 가정한다.)**

① 10km
② 12km
③ 13km
④ 14km
⑤ 15km

정답 해설 a에서 b까지의 거리를 x(km)라 하면, b에서 c까지의 거리는 $x+5$(km)가 된다. '시간$=\frac{거리}{속력}$'이므로, a에서 b까지, b에서 c까지 이동 시간의 합이 5시간이므로 '$5=\frac{x}{2}+\frac{x+5}{3}$'이 성립한다. 이를 풀면, '$x=4$(km)'이다. 따라서 a에서 c까지의 총거리는 '$4+4+5=13$(km)'이다.

32 A의 가게에서는 원가가 개당 4,000원인 물품에 6할의 이익을 붙여 정가로 팔았다. 이후 경기가 좋지 않아 결국 정가의 4할을 할인하여 팔았다. 이 물품을 할인해서 팔 때, 물품 하나당 발생하는 이익 또는 손실은?

① 160원 이익
② 160원 손실
③ 80원 이익
④ 80원 손실
⑤ 40원 이익

정답 해설 여기서 정가는 '원가(1+이익률)'이 되며, 할인된 판매가는 '정가(1−할인율)'이 된다.
개당 원가가 4,000원이므로, 정가는 '4,000(1+0.6)=6,400(원)'이 된다. 또한 할인된 판매가는 '6,400(1−0.4)=3,840(원)'이 된다.
'판매가−원가'는 '3,840−4,000=−160(원)'이 되므로, 이 물품 하나를 팔 때 160원의 손실이 발생한다.

33 **A제품의 구매 후 보증기간 내에 A/S가 신청된 제품의 경우, 제품의 불량으로 인한 수리 신청은 30%이고 나머지는 사용주의 의무의 위반이나 관리상의 문제 등으로 인한 신청이라고 한다. 보증기간 내에 A/S가 신청된 10개의 제품에서 임의로 3개의 제품을 선택할 때, 적어도 1개가 제품의 불량일 확률을 구하면? (단, 선택한 제품은 다시 넣지 않는다고 가정한다.)**

① $\frac{7}{24}$
② $\frac{3}{10}$
③ $\frac{3}{8}$
④ $\frac{5}{8}$
⑤ $\frac{17}{24}$

보증기간 내에 A/S가 신청된 10개의 제품 중 3개를 선택하여 적어도 1개가 제품 불량이라는 것은, 1개나 2개, 또는 3개 모두가 불량인 경우를 말한다. 이는 전체 확률에서 선택한 3개 제품 모두 불량이 아닐 확률을 빼주면 된다.

A/S가 신청된 10개의 제품에서 임의로 3개의 제품을 선택할 때 3개 모두 제품 불량이 아닐 확률은 '$\frac{7}{10} \times \frac{6}{9} \times \frac{5}{8} = \frac{7}{24}$'이 된다.

따라서 3개의 제품을 선택할 때 적어도 1개가 불량품일 확률은 '$1 - \frac{7}{24} = \frac{17}{24}$'이다.

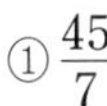 다음은 일정한 규칙에 따라 숫자를 나열한 것이다. 빈칸에 가장 알맞은 숫자는?

$\frac{4}{27}$ $\frac{9}{20}$ $\frac{1}{15}$　　( ) 13 91　　8 $\frac{11}{4}$ 22

① $\frac{45}{7}$　　② 7

③ $\frac{43}{6}$　　④ 9

⑤ 11

$\frac{4}{27}\times\frac{9}{20}=\frac{1}{15}$

$(\quad)\times 13=91$

$8\times\frac{11}{4}=22$

따라서 '( )=7'이 된다.

1DAY 2DAY 3DAY

35 다음은 한국가스공사의 2018년 4월 천연가스 판매실적과 관련 기사의 내용이다. ㉠, ㉡에 가장 알맞은 것을 모두 바르게 나열한 것은?

〈표〉 2018년 4월 천연가스 판매실적

(단위 : 천 톤)

구분	당월 실적 (2018년 4월)	전년 동월 실적 (2017년 4월)	전년 동월 대비 증감률(%)
도시가스용	1,392	1,309	6.3
발전용	1,350	(㉡)	64.0
총계	2,742	2,132	(㉠)

〈관련 기사〉

한국가스공사(사장 정승일)가 2018년 4월 천연가스 판매량이 2,742천 톤을 기록, 전년 동월 대비 (㉠) 증가했다고 밝혔다. 도시가스용 천연가스는 평균기온 하락과 경쟁연료 대비 가격경쟁력 회복에 따른 주택용 및 산업용 수요 증가로 전년 동월 1,309천 톤 대비 6.3% 증가한 1,392천 톤, 발전용 천연가스는 총 발전량 증가 및 기저발전량 감소에 기인한 LNG 발전 증가 등 영향으로 전년 동월 (㉡)천 톤 대비 64% 증가한 1,350천 톤을 기록했다. 특히, 발전용 판매량은 2017년 12월 이후 5개월 연속 전년 동월 대비 높은 증가 추세를 보였다.

	㉠	㉡
①	28.6%	795.7
②	28.6%	823.2
③	30.2%	795.7
④	30.2%	823.2
⑤	32.8%	823.2

정답해설 ㉠ 2018년 4월 천연가스 판매량은 2,742천 톤이고 전년 동월(2017.4월) 판매량은 2,132천 톤이다. 따라서 2018년 4월 판매량은 전년 동월 대비 '$\frac{(2,742-2,132)}{2,132} \times 100 \fallingdotseq 28.6\%$' 증가하였다.

ⓒ 2018년 4월의 발전용 천연가스는 전년 동월 실적 대비 64% 증가한 1,350천 톤을 기록했다고 했으므로, '$\frac{(1,350-ⓒ)}{ⓒ}\times 100=64.0$'이 성립한다. 이를 계산하면 ⓒ은 823.17(천 톤) 정도가 된다.

따라서 가장 알맞은 것은 ②이다.

36 다음 〈표〉는 회원이 50명(1번~50번)인 단체의 대표선출 선거에서 후보자로 출마한 A, B, C, D에 대한 회원들의 선호도 조사결과이다. 대표선출 방법은 1차 투표에서 득표수가 많은 상위 두 명을 선택한 후, 이 두 후보에 대하여 2차 투표를 실시하여 다득표한 후보를 최종 당선자로 결정하는 방식이다. 최종 당선자로 가장 알맞은 후보자는? (단, 회원들은 조사된 선호도에 따라 각 투표에서 1명의 후보에게 투표하며, 2차 투표에서 모두 과반을 획득하지 못한 경우 당선자가 없는 것으로 한다.)

〈표〉 후보자별 선호도 조사결과

조사대상자(총50명)	1순위	2순위	3순위	4순위
1번~10번(10명)	A	D	B	C
11번~22번(12명)	B	A	C	D
23번~31번(9명)	C	D	B	A
32번~39번(8명)	C	B	A	D
40번~44번(5명)	D	A	B	C
45번~50번(6명)	D	C	B	A

① A ② B

③ C ④ D

⑤ 당선자 없음

1차 투표는 각각 선호도 1순위자에게 투표하므로 결과는 다음과 같다.

- A : 10표
- B : 12표
- C : 9+8=17표
- D : 5+6=11표

따라서 1차 투표의 결과 득표수가 많은 B와 C가 선택된다. 조사대상자 그룹별로 B와 C를 대상으로 한 2차 투표 결과를 정리하면 다음과 같다.

- 1번~10번(10명) : 선호도 순위가 C보다 높은 B에게 투표한다.
- 11번~22번(12명) : 선호도가 가장 높은 B에게 투표한다.
- 23번~31번(9명) : 선호도가 가장 높은 C에게 투표한다.
- 32번~39번(8명) : 선호도가 가장 높은 C에게 투표한다.
- 40번~44번(5명) : 선호도 순위가 C보다 높은 B에게 투표한다.
- 45번~50번(6명) : 선호도 순위가 B보다 높은 C에게 투표한다.

따라서 2차 투표 결과 B는 모두 '10+12+5=27표'를 획득하며, C는 모두 '9+8+6=23표'를 획득한다. B의 득표수가 과반이 되므로 B가 최종 당선자가 된다.

37 ○○공사의 직원 A는 월요일부터 목요일까지 회사의 감사에 대비한 대책회의 참석을 한다. A는 담당자로부터 다음 주 월요일부터 금요일 중에서 감사가 실시될 것이라는 정보를 들었다. 감사는 며칠에 나누어 실시될 수 있다고 한다. 다음의 조건이 모두 참이라고 할 때, 감사가 실시될 요일(들)은?

조건

㉠ 목요일에 감사가 실시된다면, 금요일에도 감사가 실시될 것이다.
㉡ 월요일에 감사가 실시되지 않는다면, 화요일이나 목요일에 실시될 것이다.
㉢ 월요일에 감사가 실시된다면, 수요일에는 실시되지 않을 것이다.
㉣ 목요일과 금요일에 감사가 실시되지 않는다면 화요일에도 감사가 실시되지 않을 것이다.
㉤ A가 대책회의에 참석하지 않는 날에는 감사가 실시되지 않을 것이다.

① 월
② 화
③ 수
④ 월, 화
⑤ 화, 목

정답 해설 제시된 〈조건〉 중 ㉤을 통해 금요일에는 감사가 실시되지 않는다는 사실을 알 수 있다. ㉠의 대우인 "금요일에 감사가 실시되지 않으면 목요일에도 감사가 실시되지 않는다"가 참이므로, 목요일에도 감사가 실시되지 않음을 알 수 있다. 따라서 목요일과 금요일에 감사가 실시되지 않으므로 ㉣에 따라 화요일에도 감사가 실시되지 않는다는 사실을 알 수 있다. 또한 여기서 화요일과 목요일에 감사가 실시되지 않는다는 사실과 ㉡의 대우인 "화요일과 목요일에 감사가 실시되지 않으면 월요일에 감사가 실시될 것이다"가 참이라는 것을 통해, 월요일에는 감사가 실시된다는 것을 알 수 있다. 월요일에 감사가 실시되므로, ㉢에 따라 수요일에는 감사가 실시되지 않는다. 따라서 이상을 종합하면 월요일에만 감사가 실시된다는 것을 알 수 있다.

정답 37 ①

38 **다음은 환경영향평가제도의 문제점을 지적한 보고서의 일부이다. 이 보고서에 기초해 모색할 수 있는 정책대안으로 적절하지 <u>않은</u> 것은?**

〈보고서〉

- 개발계획 추진의 경제적, 기술적 타당성에 대한 의사결정이 이루어진 후에 환경영향평가가 실시된다.
- 평가과정에서 관련기관 및 주민참여가 제한적이다.
- 환경영향평가서의 작성주체가 사업자이기 때문에 평가결과의 객관성, 신뢰성이 저하된다.
- 능력이 부족한 평가대행자들 사이의 과도한 경쟁에 따라 저가수주가 발생하고, 이에 따라 비용절약을 위해 현장조사가 기피된다.

① 사전 환경영향평가제도의 도입
② 사업주체의 환경영향평가서 작성 배제
③ 환경영향평가 시 공청회의 의무적 개최
④ 환경영향평가 대행자 선정 시 시장적 요소 도입
⑤ 유능한 환경영향평가인력의 양성 및 자격증 부여

정답 해설 환경영향평가 대행자 선정 시 시장적 요소를 도입하는 것은 보고서의 네 번째 문제를 더 악화시킬 수 있으므로 문제를 해결하는 정책수단이 되지 못한다.

오답 해설
① 보고서의 첫 번째 문제에 대한 대안이 될 수 있다. 즉, 사전 환경영향평가제도를 도입하면 개발계획이 결정된 후에 평가가 이루어지는 문제를 해결할 수 있다.
② 보고서의 세 번째 문제에 대한 대안이 될 수 있다. 즉, 사업주체의 환경영향평가서 작성을 배제함으로써 평가결과의 객관성 · 신뢰성 저하를 방지할 수 있다.
③ 보고서의 두 번째 문제에 대한 대안이 될 수 있다. 즉, 환경영향평가 시 공청회를 의무적으로 개최하게 함으로써 평가과정에 관련기관 및 주민참여가 이루어질 수 있도록 할 수 있다.
⑤ 보고서의 네 번째 문제에 대한 대안이 될 수 있다. 즉, 유능한 환경영향평가인력을 양성하고 자격증을 부여하는 것은 평가대행자들의 능력이 떨어지는 문제를 해결하는데 기여할 수 있다.

39 ○○공사의 정책담당자 '갑'은 공사의 정책 A가 실현 가능성이 낮아 이에 대한 다섯 가지 대안들을 검토하여 〈표〉와 같이 정리하였다. 주어진 〈표〉에는 각 대안들에 대해 10점 만점을 성취해야 하는 '절대 목표'와, 어느 정도 성취해도 되는 '희망 목표'로 구분하여 제시되어 있다. 각 항은 10점 만점에 대한 '성취도'를 나타내고, 희망 목표 네 항목에 대해서는 각 목표의 '가중치'가 주어져 있다. 정책 A에 대한 대안으로서 최선인 것은?

〈표〉

목표의 분류		가중치	대안별 성취도				
			가	나	다	라	마
절대 목표	1년 이내 성과 창출	−	10	8	10	10	10
	소요경비는 500억 원 이내	−	10	10	10	8	10
희망 목표	청년 실업 감소	100	8	10	9	10	9
	수입 대체 효과	80	7	8	9	10	8
	내수 진작	60	10	10	8	9	10
	과학 기술의 진흥	40	9	9	10	10	8

※ 각 목표의 가중치는 목표의 비중을 점수화한 것이다.

① 가
② 나
③ 다
④ 라
⑤ 마

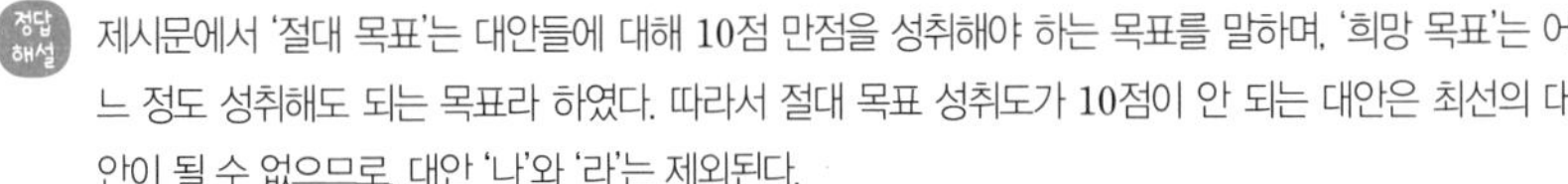

정답 해설 제시문에서 '절대 목표'는 대안들에 대해 10점 만점을 성취해야 하는 목표를 말하며, '희망 목표'는 어느 정도 성취해도 되는 목표라 하였다. 따라서 절대 목표 성취도가 10점이 안 되는 대안은 최선의 대안이 될 수 없으므로, 대안 '나'와 '라'는 제외된다.

다음으로 희망 목표의 경우 가중 평균이 가장 큰 것이 최선의 대안이 될 수 있다. 이는 각 항별 가중치와 성취도를 곱하여 이를 합한 값의 평균이 가장 크다는 것을 말한다. 평균이 가장 큰 것은 곧 합한 값이 가장 큰 것을 말하므로, 대안 '가', '다', '마'에서 그 값을 구해 비교해 보면 다음과 같다.

- 대안 '가' : $100 \times 8 + 80 \times 7 + 60 \times 10 + 40 \times 9 = 2,320$

• 대안 '다' : $100 \times 9 + 80 \times 9 + 60 \times 8 + 40 \times 10 = 2,500$
• 대안 '마' : $100 \times 9 + 80 \times 8 + 60 \times 10 + 40 \times 8 = 2,460$
따라서 대안 '다'의 값이 가장 크므로 최선의 대안이 된다.

40 다음 중 〈보기〉의 선거원칙으로부터 유추할 수 있는 것으로 가장 적절하지 않은 것은?

보기

A : 사회적 지위, 재산, 인종, 학력 등에 관계없이 일정 연령에 달한 모든 국민에게 원칙적으로 선거권을 부여한다.
B : 1인 1표를 원칙으로 모든 선거인의 투표가치를 평등하게 취급한다.
C : 선거인의 의사가 선거결과를 확정하는 데 직접 반영되어야 한다.
D : 투표에 의해 나타나는 선거인 각자의 의사결정이 타인에게 알려지지 않도록 한다.

① 선거에서 외국인을 제외하는 것은 A에 위배된다.
② D는 자유로운 선거 분위기를 보장할 수 있는 중요한 선거원칙이다.
③ 재산 정도 · 납세액 · 수입 정도를 선거권 부여 기준으로 삼는 것은 A에 위배된다.
④ 선거인의 재산 · 종교 · 인종 등에 따라 투표가치에 차등을 두는 것은 B에 위배된다.
⑤ 국회의원 선거가 실시된 후에 해당 정당이 명단과 순위가 고정되어 있던 비례대표 후보자 명부를 변경하는 것은 C에 위배된다.

정답해설 〈보기〉의 A · B · C · D는 각각 보통 · 평등 · 직접 · 비밀선거의 원칙에 관한 설명이다. 배경지식이 없다 하더라도 제시된 〈보기〉의 내용을 읽고 ①~⑤의 내용과 비교 · 검토해 본다면 큰 어려움 없이 해결할 수 있다.

A에서 일정 연령에 달한 모든 '국민'에게 선거권을 부여한다고 했는데, '외국인'의 경우 '국민'의 범위에 포함되지 않으므로 선거권을 부여하지 않아도 A의 원칙에 위배되지 않는다. 따라서 ①은 A의 선거원칙으로부터 유추할 수 있는 내용으로 적절하지 않다.

② D는 비밀선거의 원칙을 말하는데, 이는 선거결과가 공개됨으로써 나타날 수 있는 문제를 예방하여 개인이 자유로운 판단과 결정으로 선거에 임할 수 있도록 하는 중요한 선거원칙이 된다.

③ A는 사회적 지위나 재산 등에 관계없이 일정 연령의 모든 국민에게 선거권을 부여하는 것을 말하므로, 재산 정도 · 납세액 · 수입 정도를 선거권 부여 기준으로 삼는 것은 이에 위배된다고 할 수 있다.

④ B는 1인 1표를 원칙으로 하여 투표가치를 평등하게 취급해야 한다는 것이므로, 재산 · 종교 · 인종 등에 따라 투표가치에 차등을 두는 것은 이에 위배된다고 할 수 있다.

⑤ 국회의원 선거가 실시된 후에 비례대표 후보자 명부를 변경하여 후보자의 명단이나 그 순서를 바꾸는 것은, 선거인의 의사가 직접 결과에 반영되지 않고 그 의사와 다른 후보자를 당선시킬 수 있게 하므로 C의 원칙에 위배된다.

41 **○○공사의 시설관리팀에 A, B, C, D, E, F의 총 6명의 직원이 있다. 이들 가운데 반드시 4명의 직원으로만 팀을 구성하여 과별 회의에 참석해 달라는 요청이 있었다. 만일 E가 불가피한 사정으로 그 회의에 참석할 수 없게 된 상황에서, 아래의 조건을 모두 충족시켜야만 한다면 몇 개의 팀이 구성될 수 있는가?**

조건

조건 1 : A 또는 B는 반드시 참석해야 한다. 하지만 A, B가 함께 참석할 수 없다.

조건 2 : D 또는 E는 반드시 참석해야 한다. 하지만 D, E가 함께 참석할 수 없다.

조건 3 : 만일 C가 참석하지 않게 된다면 D도 참석할 수 없다.

조건 4 : 만일 B가 참석하지 않게 된다면 F도 참석할 수 없다.

① 0개
② 1개
③ 2개
④ 3개
⑤ 4개

정답 해설 E가 참여하지 못하므로, 조건 2에 의해 D는 반드시 참석해야 한다. D가 참석한다면, 조건 3에의 대우에 의해 C도 참석해야 한다(조건 3의 대우인 "D가 참석한다면 C가 참석하게 된다"가 성립함). 다음으로 조건 4에 의해 B가 참석하지 않는 경우 F도 참석할 수 없으므로, 이 경우 최대 참석자는 3명(A, C, D)이 되어 문제의 조건에 맞지 않는다. 따라서 B가 참석해야 한다. 그리고 B가 참석하는 경우 조건 1에 의해 A는 참석할 수 없다. 문제에서 4명으로 팀을 꾸밀 수 있는 경우를 묻고 있으므로 나머지 F도 참석해야 한다.

결론적으로 위의 조건을 모두 만족하면서 4명으로 팀을 꾸밀 수 있는 것은 'B, C, D, F'가 참석하는 한 가지 경우뿐이다.

42 서로 성이 다른 3명의 야구선수(김씨, 박씨, 이씨)의 이름은 정우, 선호, 대윤이고, 이들이 맡은 야구팀의 포지션은 1루수, 2루수, 3루수이다. 그리고 이들의 나이는 20세, 23세, 26세이고, 다음과 같은 사실이 알려져 있다. 다음 중 '성씨－이름－포지션－나이'가 제대로 짝지어진 것은?

㉠ 2루수는 대윤보다 타율이 높고, 대윤은 김씨 성의 선수보다 타율이 높다.
㉡ 1루수는 박씨 성의 선수보다 어리나 대윤보다는 나이가 많다.
㉢ 선호와 김씨 성의 선수는 어제 경기가 끝나고 같이 영화를 보러 갔다.

① 김－정우－1루수－20세
② 박－선호－3루수－26세
③ 이－대윤－3루수－20세
④ 박－정우－2루수－26세
⑤ 이－선호－1루수－23세

정답 해설 제시된 사실을 통해 연결 관계를 파악하면 다음과 같다.

㉠ 2루수, 대윤, 김씨는 서로 동일인이 아님을 알 수 있다. 따라서 대윤은 박씨이거나 이씨이다.

성		이씨 또는 박씨	김씨
이름		대윤	
포지션	2루수		
나이			

㉡ 1루수, 박씨, 대윤은 서로 동일인이 아님을 알 수 있다. 따라서 대윤은 이씨이고 김씨는 1루수이다. 또한 나이를 따져보면 '대윤 〈 1루수 〈 박씨'의 순서임을 알 수 있다. 따라서 대윤은 20세, 1루수는 23세, 박씨는 26세가 된다.

성	박씨	이씨	김씨
이름		대윤	
포지션	2루수	3루수	1루수
나이	26세	20세	23세

㉢ 선호와 김씨는 서로 동일인이 아님을 알 수 있으므로, 선호는 박씨가 되며, 남은 정우는 김씨가 된다.

성	박씨	이씨	김씨
이름	선호	대윤	정우

정답 41 ② | 42 ③

포지션	2루수	3루수	1루수
나이	26세	20세	23세

따라서 연결 관계가 제대로 짝지어진 것은 ③이다.

[43~44] 다음의 〈상황〉과 〈대화〉를 읽고 물음에 가장 알맞은 답을 고르시오.

〈상황〉

지구와 거대한 운석이 충돌할 것으로 예상되자, A국 정부는 인류의 멸망을 막기 위해 갑, 을, 병 세 사람을 각각 냉동캡슐에 넣어 보존하기로 했다. 운석 충돌 후 시간이 흘러 지구에 다시 사람이 살 수 있는 환경이 조성되자, 3개의 냉동캡슐은 각각 다른 시점에 해동이 시작되어 하루 만에 완료되었다. 그 후 갑, 을, 병 세 사람은 2120년 9월 7일 한 자리에 모여 다음과 같은 〈대화〉를 나누었다.

〈대화〉

갑 : 나는 2086년에 태어났습니다. 19살에 냉동캡슐에 들어갔고, 캡슐에서 해동된 지는 정확히 7년이 되었어요.

을 : 나는 2075년 10월생입니다. 26살에 냉동캡슐에 들어갔고, 캡슐에서 해동된 것은 지금으로부터 2년 전입니다.

병 : 난 2083년 5월 17일에 태어났어요. 21살이 되기 두 달 전에 냉동캡슐에 들어갔고, 해동된 건 일주일 전이에요.

※이들이 밝히는 나이는 만 나이이며, 냉동되어 있는 기간은 나이에 산입되지 않는다.

43 '갑', '을', '병'의 현재 나이의 합으로 옳은 것은?

① 74세

② 75세

③ 76세

④ 115세

⑤ 118세

세 사람의 나이는 만 나이이며, 냉동되어 있는 기간은 나이에 산입되지 않는다고 하였다. 이를 토대로 나이를 구하면 다음과 같다.

- **갑** : 19살에 냉동캡슐에 들어갔고, 냉동캡슐에서 해동된 지 7년이 지났으므로, 갑은 만 '26세'가 된다.
- **을** : 26살에 냉동캡슐에 들어갔고, 해동된 지 2년이 지났으므로, 현재의 만 나이는 만 '28세'이다.
- **병** : 20세 10개월에 냉동캡슐에 들어갔고, 일주일 전에 해동되었으므로 아직 만 '20세'이다.

따라서 세 사람의 나이의 합은 '74세'이다.

1DAY 2DAY 3DAY

44 '갑', '을', '병' 세 사람 중 냉동캡슐에 가장 늦게 들어간 사람과 냉동캡슐에 가장 오래 보관된 사람의 순서를 모두 바르게 연결한 것은?

	냉동캡슐에 가장 늦게 들어간 사람	냉동캡슐에 가장 오래 보관된 사람
①	갑	갑
②	을	갑 또는 을
③	병	을
④	갑	을 또는 병
⑤	병	병

세 사람이 냉동캡슐에 보관된 기간을 살펴보면 다음과 같다.

- **갑** : 2086년에 태어나 만 19살에 냉동캡슐에 들어갔고, 캡슐에서 해동된 지는 정확히 7년이 되었다고 했으므로, 2105년에 냉동캡슐에 들어가 2113년 9월 7일에 나왔다는 것을 알 수 있다.
- **을** : 2075년 10월생으로 26살에 냉동캡슐에 들어갔고, 지금으로부터 2년 전에 해동되었다고 했으므로, 2101년 10월 이후에서 2102년 9월 사이에 들어가서, 2018년 9월에 나왔다는 것을 알 수 있다.
- **병** : 2083년 5월 17일에 태어나 21살이 되기 두 달 전에 냉동캡슐에 들어갔고, 해동된 지 일주일이 되었다고 하였다. 따라서 2104년 3월 17일에 들어가 2120년 8월 31일에 나왔다는 것을 알 수 있다.

따라서 냉동캡슐에 가장 늦게 들어간 사람은 '갑'이며, 냉동캡슐에 가장 오래 보관된 사람은 '을 또는 병'이다.

정답 43 ① | 44 ④

45 다음 〈상황〉에서 기존의 승점제와 새로운 승점제를 적용할 때, A팀의 순위로 옳게 짝지어진 것은?

〈상황〉

- 대회에 참가하는 팀은 총 13팀이다.
- 각 팀은 다른 모든 팀과 한 번씩 경기를 한다.
- A팀의 최종성적은 5승 7패이다.
- A팀과의 경기를 제외한 12팀 간의 경기는 모두 무승부이다.
- 기존의 승점제는 승리시 2점, 무승부시 1점, 패배시 0점을 부여한다.
- 새로운 승점제는 승리시 3점, 무승부시 1점, 패배시 0점을 부여한다.

	기존의 승점제	새로운 승점제
①	8위	1위
②	8위	8위
③	13위	1위
④	13위	8위
⑤	13위	13위

㉠ A팀을 제외한 나머지 12팀의 승부는 모두 무승부라고 하였으므로, 기존의 승점제를 적용할 경우 팀별 승점은 다음과 같다.

- A팀의 승점 : $2\times5+0\times7=10$점
- A팀에 승리한 팀(7개 팀)의 승점 : $2\times1+1\times11=13$점
- A팀에 패배한 팀(5개 팀)의 승점 : $1\times11+0\times1=11$점

따라서 기존의 승점제를 적용할 경우 A팀은 13위가 된다.

㉡ 새로운 승점제를 적용할 경우 팀별 승점은 다음과 같다.

- A팀의 승점 : $3\times5+0\times7=15$점
- A팀에 승리한 팀(7개 팀)의 승점 : $3\times1+1\times11=14$점
- A팀에 패배한 팀(5개 팀)의 승점 : $1\times11+0\times1=11$점

따라서 새로운 승점제를 적용할 경우 A팀은 1위가 된다.

46 다음 〈사업설명서〉를 근거로 판단할 때, 〈보기〉에서 옳은 것만을 모두 고르면?

〈표〉 사업설명서

<table>
<tr><td colspan="2">총지원금</td><td>2013년</td><td colspan="2">14,000백만 원</td><td>2014년</td><td colspan="2">13,000백만 원</td></tr>
<tr><td colspan="2">지원 인원</td><td>2013년</td><td colspan="2">3,000명</td><td>2014년</td><td colspan="2">2,000명</td></tr>
<tr><td rowspan="4">사업
개요</td><td>시작년도</td><td colspan="6">1998년</td></tr>
<tr><td>추진경위</td><td colspan="6">IMF 대량실업사태 극복을 위해 출발</td></tr>
<tr><td>사업목적</td><td colspan="6">실업자에 대한 일자리 제공으로 생활안정 및 사회 안전망 제공</td></tr>
<tr><td>모집시기</td><td colspan="6">연간 2회(5월, 12월)</td></tr>
<tr><td rowspan="3">근로
조건</td><td>근무조건</td><td colspan="2">월 소정
근로시간</td><td>112시간
이하</td><td colspan="2">주당
근로일수</td><td>5일</td></tr>
<tr><td rowspan="2">4대
사회보험
보장여부</td><td colspan="2">국민연금</td><td>건강보험</td><td colspan="2">고용보험</td><td>산재보험</td></tr>
<tr><td colspan="2">○</td><td>○</td><td colspan="2">○</td><td>○</td></tr>
<tr><td rowspan="3">참여자</td><td rowspan="2">주된
참여자</td><td>청년
(35세 미만)</td><td colspan="2">중장년
(50~64세)</td><td>노인
(65세 이상)</td><td>여성</td><td>장애인</td></tr>
<tr><td></td><td colspan="2">○</td><td></td><td></td><td></td></tr>
<tr><td>기타</td><td>우대
요건</td><td colspan="2">저소득층, 장기실업자, 여성가장 등 취업취약계층 우대</td><td colspan="2">취업
취약계층
목표비율</td><td>70%</td></tr>
</table>

보기

ㄱ. 2014년에는 2013년보다 총지원금은 줄었지만 지원 인원 1인당 평균 지원금은 더 많아졌다.

ㄴ. 저소득층, 장기실업자, 여성가장이 아니라면 이 사업에 참여할 수 없다.

ㄷ. 이 사업 참여자들은 4대 사회보험을 보장받지 못한다.

ㄹ. 이 사업은 청년층이 주된 참여자이다.

① ㄱ
② ㄱ, ㄴ
③ ㄴ, ㄷ
④ ㄷ, ㄹ
⑤ ㄱ, ㄷ, ㄹ

ㄱ. 2014년의 경우 2013년보다 총지원금이 14,000백만 원에서 13,000백만 원으로 줄었다. 2013년 1인당 평균 지원금은 '$\frac{14,000(\text{백만원})}{3,000(\text{명})}$ ≒ 4.7(백만 원)'인데 비해, 2014년 1인당 평균 지원금은 '$\frac{13,000(\text{백만원})}{2,000(\text{명})}$ = 6.5(백만 원)'이므로, 2014년에 더 많아졌다. 따라서 'ㄱ'은 옳은 내용이다.

ㄴ. 저소득층, 장기실업자, 여성가장 등 취업취약계층을 우대하는 것은 사실이지만, 여기에 해당하지 않는 사람이 이 사업에 참여할 수 없는 것은 아니다. 제시된 〈사업설명서〉에서 취업취약계층의 목표비율이 70%라고 했으므로, 30% 범위에서 취약계층이 아닌 사람도 참여할 수 있다.

ㄷ. 〈사업설명서〉에서 4대 사회보험이 모두 보장된다고 명시하고 있다.

ㄹ. 이 사업의 주된 참여자는 중장년(50 ~ 60세)이라 명시하고 있다.

47 **다음 글을 근거로 판단할 때, 〈사례〉의 '갑'국과 '을'국의 한 선거구에서 당선에 필요한 최소 득표율을 나열한 것으로 옳은 것은?**

- '제한 투표제'는 한 선거구에서 여러 명의 대표를 선출하는 제도이다. 이 제도에서 유권자는 해당 선거구의 의석수보다 적은 수의 표를 갖게 된다. 예를 들어 한 선거구에서 4명의 대표를 선출한다면, 유권자에게 4표보다 적은 2표 혹은 3표를 부여하여 투표하도록 하는 제도이다.
- 학자 A는 이 같은 선거제도에서 당선에 필요한 최소 득표율을 다음 공식으로 구할 수 있다고 주장한다.

$$\text{최소 득표율}(\%)=\frac{\text{유권자 1인당 투표수}}{\text{유권자 1인당 투표수}+\text{선거구당 의석수}}\times 100$$

사례

- 갑국 : 한 선거구에서 5명의 의원을 선출하며, 유권자는 3표를 행사한다.
- 을국 : 한 선거구에서 3명의 의원을 선출하며, 유권자는 2표를 행사한다.

	甲국	乙국
①	32.5%	20%
②	37.5%	20%
③	33.3%	40%
④	32.5%	40%
⑤	37.5%	40%

정답해설 갑국의 최소득표율은 '$\frac{3}{8}\times 100=37.5\%$'이며, 을국의 최소득표율은 '$\frac{2}{5}\times 100=40\%$'이다.

48 다음 글을 근거로 판단할 때 옳은 것은?

○○리그는 10개의 경기장에서 진행되는데, 각 경기장은 서로 다른 도시에 있다. 또 이 10개 도시 중 5개는 대도시이고 5개는 중소도시이다. 매일 5개 경기장에서 각각 한 경기가 열리며 한 시즌 당 각 경기장에서 열리는 경기의 횟수는 10개 경기장 모두 동일하다.

대도시의 경기장은 최대수용인원이 3만 명이고, 중소도시의 경기장은 최대수용인원이 2만 명이다. 대도시 경기장의 경우는 매 경기 60%의 좌석 점유율을 나타내고 있는 반면 중소도시 경기장의 경우는 매 경기 70%의 좌석 점유율을 보이고 있다.

① ○○리그의 1일 최대 관중수는 16만 명이다.
② 중소도시 경기장의 좌석 점유율이 10%p 높아진다면 대도시 경기장 한 곳의 관중수보다 중소도시 경기장 한 곳의 관중수가 더 많아진다.
③ 내년 시즌부터 4개의 대도시와 6개의 중소도시에서 경기가 열린다면 ○○리그의 한 시즌 전체 누적 관중수는 올 시즌 대비 2.5% 줄어든다.
④ 대도시 경기장의 좌석 점유율이 중소도시 경기장과 같고 최대수용인원은 그대로라면, ○○리그의 1일 평균 관중수는 11만 명을 초과하게 된다.
⑤ 중소도시 경기장의 최대수용인원이 대도시 경기장과 같고 좌석 점유율은 그대로라면, ○○리그의 1일 평균 관중수는 11만 명을 초과하게 된다.

정답 해설 경기장의 관중수는 그 경기장의 최대수용인원에 좌석 점유율을 곱하여 구하므로, 대도시 경기장의 경기당 관중수는 '3×0.6=1.8만 명'이며, 중소도시 경기장의 경기당 관중수는 '2×0.7=1.4만 명'이 된다. 각 경기장은 한 시즌 당 모두 10경기씩 동일하게 열린다고 했으므로, 올해의 전체 관중수는 '(1.8×5×10)+(1.4×5×10)=160만 명'이 된다. 내년 시즌부터 4개의 대도시와 6개의 중소도시에서 경기가 열린다면 내년의 전체 관중수는 '(1.8×4×10)+(1.4×6×10)=156만 명'이 된다. 전체 관중수가 4만 명이 줄어들게 되므로, 올 시즌 대비 '$\frac{4}{160}\times100=2.5\%$'가 줄어들게 된다. 따라서 ③은 옳은 판단이다.

오답 해설 ① 5경기가 모두 대도시에서 열리는 경우에 ○○리그의 1일 최대 관중수를 기록하게 되므로, 1일 최대 관중수는 '1.8×5=9만 명'이 된다.
② 중소도시 경기장의 좌석 점유율이 10%p 높아지는 경우 80%가 되므로, 중소도시 경기장 한 곳의 관중수는 '2×0.8=1.6만 명'이 된다. 따라서 이 수는 대도시 경기장 한 곳의 관중수(1.8만 명)보다

많지 않다.

④ 대도시 경기장의 좌석 점유율이 중소도시 경기장과 같고 최대수용인원은 그대로라면, 리그의 1일 최대 관중수가 '3×0.7×5=10.5만 명'이 된다. 따라서 1일 평균 관중수는 11만 명을 초과할 수 없다.

⑤ 중소도시 경기장의 최대수용인원이 대도시 경기장과 같이 3만 명이 되고 좌석 점유율은 70%로 그대로인 경우, 리그의 1일 최대 관중수는 '3×0.7×5=10.5만 명'이 된다. 따라서 1일 평균 관중수는 11만 명을 초과할 수 없다.

[49~50] 다음은 한 프린터 회사의 제품 시리얼 넘버 생성표이다. 프린터의 '종류, 모델, 색상, 생산 공장, 생산 넘버' 순으로 각각의 코드를 연결하여 시리얼 넘버를 생성한다고 할 때, 다음 물음에 알맞은 답을 고르시오.

〈시리얼 넘버 생성표〉

종류		모델		색상		생산 공장		생산 넘버
코드	명칭	코드	명칭	코드	색상명	코드	지역	
L	레이저	T1	토닉	BK	검은색	010	도봉구	생산된 순서대로 00001~99999까지 차례로 번호가 부여됨
		W1	윈트밀	SI	은색	011	수원	
		T2	트윈젯	WH	흰색	012	인천	
I	잉크젯	M1	모건	OR	주황색	013	평택	
		B1	베이커	RD	빨간색			
		E1	엑스젯	YE	노란색			
C	복합기	Z1	제트					
		B2	브릭스					
		E2	이지젯					

※ 예를 들어, 도봉구 공장에서 첫 번째로 생산된 검은색 레이저 토닉 프린터의 제품 시리얼 넘버는 'L－T1－BK－010－00001'이 됨.

정답 48 ③

49 다음 중 시리얼 넘버가 'IE1RD01210065'인 제품과 종류, 생산 공장, 모델명이 같은 것은?

① LW1RD01225000

② IE1RD01100246

③ IB1YE01313898

④ LT2BK01210116

⑤ IE1BK01220150

정답 해설 제품의 시리얼 넘버가 'IE1RD01210065'인 제품의 종류는 잉크젯 프린터(I)이며, 생산 공장은 인천(012), 모델명은 엑스젯(E1)이다. 이와 제품 종류, 생산 공장, 모델명이 같은 시리얼 넘버는 ⑤의 'IE1BK01220150'이다.

오답 해설 ① 'LW1RD01225000'의 경우 제품의 종류가 레이저 프린터(L)이며, 모델명도 윈트밀(W1)이다.

② 'IE1RD01100246'의 경우 생산 공장이 수원(011)이다.

③ 'IB1YE01313898'의 경우 모델명이 베이커(B1)이며, 생산 공장도 평택(013)이다.

④ 'LT2BK01210116'은 제품의 종류가 레이저 프린터(L)이며, 모델명도 트윈젯(T2)이다.

50 1,000번째 생산된 제품을 찾으려고 하는데, 색상이 흰색인 복합기라는 것 외에는 정보가 없다. 다음 중 그 제품으로 가장 알맞은 것은?

① CB2WH01001000

② CE2YE01201000

③ CZ1WH01010000

④ LB2OR01001000

⑤ LW1WH01101000

확인하려는 제품은 복합기이므로 코드가 'C'이다. 또한 색상이 흰색이므로 'WH', 1,000번째 생산된 제품이므로 생산 넘버가 '01000'이며 이를 모두 만족하는 것은 ①이다.

② 제품 명칭은 복합기(C)이나 색상이 노란색(YE)이므로 찾는 제품이 아니다.
③ 제품 코드(C)와 색상(WH)이 일치하나, 제품의 생산 넘버가 '10000'으로 일치하지 않는다.
④ · ⑤ 제품이 레이저 프린터(L)이므로, 모두 찾는 제품이 아니다.

한국가스공사 직업기초능력평가

제2회 한국가스공사 직업기초능력평가

문항수	시험시간
50문항	60분

01 다음의 남북러 가스관사업에 대한 기사에서 추론할 수 있는 내용으로 적절하지 않은 것은?

강승균 한국투자증권 연구원은 18일 "최근 남북러 가스관사업이 재조명되고 있다"며 "남북러 가스관사업이 본격화하면 에너지 안보 확보 측면에서 가스공사가 사업을 주도할 가능성이 크다"고 내다봤다. 남북러 가스관(PNG, Pipeline Natural Gas)사업은 러시아의 천연가스를 파이프라인을 통해 북한을 거쳐 한국에 들여오는 사업으로 최근 대북제재 완화 가능성이 커지면서 기대감이 높아지고 있다.

남북러 가스관사업이 성사되면 파이프라인을 통해 들여오는 러시아의 천연가스는 장기적으로 인도네시아, 말레이시아, 예멘 등에서 들여오는 약 500만 톤가량의 기존 장기 액화천연가스(LNG) 물량을 대체할 것으로 예상된다.

강 연구원은 "남북러 가스관사업의 건설비용 약 34억 달러 가운데 상당부분은 가스공사의 설비투자로 진행될 가능성이 높다"며 "가스공사가 남북러 가스관 사업을 맡으면 요금기저 확대에 따른 보장이익 증가세가 앞으로 10년 동안 계속될 것"이라고 전망했다.

가스공사는 천연가스 등 공공재를 공급하는 공공기관으로 공익사업회계에 따라 생산원가에 적정투자보수(보장이익)를 더해 총괄원가를 책정한다. 적정투자보수는 요금기저와 투자보수율의 곱으로 산출되는데 요금기저는 설비투자가 늘어나면 상승하는 구조를 띠고 있다. 가스공사는 현재 남북러 가스관사업과 무관하게 에너지 안보차원에서 가스 저장비율을 늘리기 위해 제5기지 등 생산기지를 확장하고 있다. 이에 따른 설비투자 증가로 보장이익은 2020년까지 지속적으로 늘어난다.

강 연구원은 "가스공사는 남북러 가스관 사업 관련 기대감과 함께 생산기지 확대에 따른 보장이익 증가, 우호적 가스정책에 힘입은 국내 사업의 안정적 이익 증가, 해외자원사업의 의미 있는 성과 등을 고려해 볼 때 기업가치가 지속적으로 상승할 것"이라고 바라봤다.

① 가스공사의 설비투자가 남북러 가스관사업의 건설비용에서 가장 큰 비중을 차지할 것이다.

② 남북러 가스관사업은 북한에 대한 국제사회의 제재 강도에 따라 실행가능성이 결정될 것이다.

③ 남북러 가스관사업을 통해 들여올 천연가스는 기존의 액화천연가스 물량을 대체하는 효과를 발생할 것이다.

④ 가스공사가 가스관사업을 주도하는 경우에는 가스 저장비율을 늘리기 위해 생산기지를 확장할 계획이다.

⑤ 가스공사는 남북러 가스관사업을 포함한 국내외의 성과 등으로 인해 기업가치가 계속적으로 상승할 것이 예상된다.

정답 해설 넷째 단락에서 '가스공사는 현재 남북러 가스관사업과 무관하게 에너지 안보차원에서 가스 저장비율을 늘리기 위해 제5기지 등 생산기지를 확장하고 있다'라고 하였는데, 이를 통해 가스공사는 가스관사업의 무관하게 에너지 안보차원에서 가스 저장비율을 늘리기 위해 생산기지를 확장하고 있다고 할 수 있다. 따라서 ④는 추론내용으로 적절하지 않다.

오답 해설 ① 셋째 단락의 '강 연구원은 "남북러 가스관사업의 건설비용 약 34억 달러 가운데 상당부분은 가스공사의 설비투자로 진행될 가능성이 높다"'라고 한 내용에서 알 수 있다.

② 첫째 단락에서 '남북러 가스관(PNG, Pipeline Natural Gas)사업은 러시아의 천연가스를 파이프라인을 통해 북한을 거쳐 한국에 들여오는 사업으로 최근 대북제재 완화 가능성이 커지면서 기대감이 높아지고 있다'라고 하였는데, 이를 통해 대북제재의 강도에 따라 남북러 가스관사업의 실행 가능성이 결정된다는 것을 추론할 수 있다.

③ 둘째 단락의 '남북러 가스관사업이 성사되면 파이프라인을 통해 들여오는 러시아의 천연가스는 장기적으로 인도네시아, 말레이시아, 예멘 등에서 들여오는 약 500만 톤가량의 기존 장기 액화천연가스(LNG) 물량을 대체할 것으로 예상된다'에서 알 수 있는 내용이다.

⑤ 다섯째 단락에서 '가스공사는 남북러 가스관 사업 관련 기대감과 함께 생산기지 확대에 따른 보장이익 증가, 우호적 가스정책에 힘입은 국내 사업의 안정적 이익 증가, 해외자원사업의 의미 있는 성과 등을 고려해 볼 때 기업가치가 지속적으로 상승할 것'이라고 한 내용에서 알 수 있다.

정답 01 ④

02 다음 두 글에 대한 설명으로 적합하지 않은 것은?

(가) 만일 에너지 문제를 '공급(Supply)'의 문제로 정의하면, 결국 에너지가 부족하기 때문에 대체에너지 자원이 필요요하다는 단일한 접근 방식을 취하게 된다. 과학과 기술은 이 문제에 대한 많은 답변을 줄 수 있을 것이고, 또한 석유, 석탄, 우라늄 등의 매장량을 조사하고, 다양한 에너지원의 기술적 이익을 비교하고, 석탄과 석유, 핵 발전의 효율성과 비용을 추정할 수 있을 것이다. 이 문제를 연구하는 과학자는 에너지 생산에 관한 여러 대안들에 대해 많은 양의 과학적 데이터를 수집하는 데 초점을 맞출 것이다. 또한 여러 가지 대안들 중에서 한 가지 대안, 예를 들어 핵융합 증식로가 가장 합리적인 대안으로 부각될 수도 있다. 이러한 선택은 중립적이고 객관적인 과학적 사실에 기초한다고 볼 수도 있을 것이다.

(나) 하지만 에너지 문제를 '수요(Demand)'의 문제로 정의하게 되면, 이야기가 달라진다. 에너지 문제를 수요의 문제로 정의할 경우, 에너지 사용의 문제, 에너지원에 맞게 에너지 사용을 조절하는 문제, 에너지 효율에 관한 문제, 그리고 적절한 기술의 문제 등과 같이 다양한 방식으로 접근하게 된다. 이렇게 접근하는 과학자는 가전제품의 효율성, 가정용 난방, 단열재, 연료 절감 자동차, 대중교통, 태양열과 같은 주제에 초점을 맞출 가능성이 높다. 이 과정에서 나오는 정보는 앞선 과정에서 나오는 정보만큼 객관적이고 사실적이긴 하지만, 앞에서와는 다른 에너지 정책을 제시할 것이다.

① (가)와 (나)의 입장 모두 에너지 문제에 대한 해결 방식을 찾고자 한다.

② (가)와 (나) 모두 타당하고 객관적일 수 있지만, 이로부터 도출되는 정책은 아주 다를 수 있다.

③ (가)와 (나)를 통해 내릴 수 있는 결론은 '우리가 얻는 해결책은 문제에 접근하는 방식에 따라 달라질 수 있다'는 사실이다.

④ (가)와 (나) 모두 에너지와 관련된 대안을 제공하지만, (가)에 입각한 관점은 효율을 중시하고, (나)에 입각한 관점은 비용을 중시한다.

⑤ (가)와 (나) 모두 에너지 문제를 다루고 있지만, (가)는 이 문제에 대해서 하나의 방식으로, (나)는 다양한 방식으로 접근하고 있다.

정답 해설 (나)의 경우 비용이 아니라 효율을 중시하는 관점이다. 제시된 (나)에서도 에너지 문제를 '수요(Demand)'의 문제로 정의하는 경우 '에너지원에 맞게 에너지 사용을 조절하는 문제, 에너지 효율에 관한 문제' 등을 포함한 다양한 접근 방식을 취한다고 하였고, 가전제품의 효율성, 단열재, 연료 절감 자동차 등의 주제에 초점을 맞출 가능성이 높다고 하였다는 점에서 알 수 있다. 따라서 ④는 적합한 설명으로 볼 수 없다.

오답 해설 ① (가)는 에너지 문제에 대한 해결 방식을 '공급(Supply)'의 측면에서, (나)는 '수요(Demand)'의 측면에서 찾고 있다.

② · ③ (나)의 마지막 문장 '이 과정에서 나오는 정보는 앞선 과정에서 나오는 정보만큼 객관적이고 사실적이긴 하지만, 앞에서와는 다른 에너지 정책을 제시할 것이다.'에서 짐작할 수 있는 내용이다. 즉, (가)와 (나) 모두 객관적이고 사실적일 수 있지만, 에너지 문제에 접근하는 방식에 따라 각기 다른 해결책을 제시할 수 있다는 것이다.

⑤ (가)의 첫 번째 문장 '만일 에너지 문제를 '공급(Supply)'의 문제로 정의하면, 결국 에너지가 부족하기 때문에 대체에너지 자원이 필요하다는 단일한 접근 방식을 취하게 된다.'와 (나)의 두 번째 문장 '에너지 문제를 수요의 문제로 정의할 경우, 에너지 사용의 문제, 에너지원에 맞게 에너지 사용을 조절하는 문제, 에너지 효율에 관한 문제, 그리고 적절한 기술의 문제 등과 같이 다양한 방식으로 접근하게 된다.'를 통해 알 수 있는 내용이다.

03 다음 글에서 추론할 수 있는 것만을 아래 〈보기〉에서 모두 고르면?

전전두엽 피질에는 뇌의 중요한 기제가 있는데, 이 기제는 당신이 다른 사람과 실시간으로 대화하고 있는 동안 당신과 그 사람을 동시에 감시한다. 이는 상대에게 적절하고 부드럽게 응답하도록 하며, 무례하게 행동하거나 분노를 표출하려는 충동을 억제하는 역할을 한다.

이 조절 기제가 잘 작동하기 위해서는 얼굴을 맞대고 대화하면서 실시간으로 피드백을 받을 수 있어야 한다. 하지만 인터넷은 그러한 피드백을 허용하지 않는다. 이는 전전두엽에 있는 충동억제회로를 당황하게 만든다. 서로를 바라보며 대화 상대방의 반응을 관찰할 수 없기 때문이다. 이로 인해 '탈억제' 현상, 즉 충동이 억제에서 풀려나는 현상이 나타날 수 있다.

탈억제는 사람들이 긍정적이거나 중립적인 감정 상태에 있는 동안에는 잘 일어나지 않는 경향이 있다. 인터넷에서 의사소통이 원활하게 이루어지는 경우는 이러한 경향 때문이다. 탈억제는 사람들이 부정적인 감정을 강하게 느낄 때 훨씬 더 잘 일어난다. 그 결과 충동이 억제되지 못하고 화를 내거나 감정적으로 거친 메시지를 보내는 현상이 나타난다. 만약 상대방을 마주 보고 있었더라면 쓰지 않았을 말을 인터넷상에서 쓰는 식이다. 충동억제회로가 제대로 작동하면 인터넷상에서는 물론 오프라인과 일상생활에서도 조심스러운 매너로 상대를 대하게 된다. 그런 경우 상호교제는 더 매끄럽게 진행될 수 있다.

보기

ㄱ. 부정적인 감정을 조절하는 교육 프로그램은 탈억제 현상을 감소시키는 데 도움이 될 것이다.

ㄴ. 전전두엽의 충동억제회로에 이상이 생기면 상대방에게 무례한 응답을 할 가능성이 높아질 것이다.

ㄷ. 기술의 발전으로 인터넷상에서도 면대면 실시간 대화의 효과를 낼 수 있다면, 인터넷상에서 탈억제 현상이 감소할 수 있다.

① ㄱ
② ㄴ
③ ㄱ, ㄷ
④ ㄴ, ㄷ
⑤ ㄱ, ㄴ, ㄷ

ㄱ. 셋째 단락에서 '탈억제는 사람들이 부정적인 감정을 강하게 느낄 때 훨씬 더 잘 일어난다'라고 하였으므로, 부정적인 감정을 조절하는 교육 프로그램을 통해 탈억제 현상을 감소시킬 수 있을 것이다. 따라서 'ㄱ'은 적절한 추론이 된다.

ㄴ. 첫째 단락의 내용을 통해 추론할 수 있는 내용이다. 즉, 전전두엽 피질에는 뇌의 중요한 기제로 충동억제기제가 있으므로, 이 기제에 이상이 있다면 상대방에게 무례하게 행동하거나 분노를 표출하려는 충동을 억제하기 어렵게 될 것이다.

ㄷ. 셋째 단락의 '만약 상대방을 마주 보고 있었더라면 쓰지 않았을 말을 인터넷상에서 쓰는 식이다. 충동억제회로가 제대로 작동하면 인터넷상에서는 물론 오프라인과 일상생활에서도 조심스러운 매너로 상대를 대하게 된다'라는 내용에서 추론할 수 있다. 즉, 인터넷상에서 면대면 실시간 대화를 가능하게 하는 기술의 발전이 있다면, 인터넷상의 탈억제 현상은 감소할 것이다.

따라서 'ㄱ, ㄴ, ㄷ' 모두 추론할 수 있는 내용으로 적절하다.

04 다음 글에서 추론할 수 있는 것만을 아래 〈보기〉에서 모두 고르면?

의학이나 공학, 혹은 과학에서는 다양한 검사법을 사용한다. 가령, 의학에서 사용되는 HIV 감염 여부에 대한 진단은 HIV 항체 검사법에 크게 의존한다. 흔히 항체 검사법의 결과는 양성 반응과 음성 반응으로 나뉜다. HIV 양성 반응이라는 것은 HIV에 감염되었다는 검사 결과가 나왔다는 것을 말하며, HIV 음성 반응이라는 것은 HIV에 감염되지 않았다는 검사 결과가 나왔다는 것을 말한다.

이런 검사법의 품질은 어떻게 평가되는가? 가장 좋은 검사법은 HIV에 감염되었을 때는 언제나 양성 반응이 나오고, HIV에 감염되지 않았을 때는 언제나 음성 반응이 나오는 것이라고 할 수 있다. 하지만 여러 기술적 한계 때문에 그런 검사법을 만들기는 쉽지 않다. 많은 검사법은 HIV에 감염되었다고 하더라도 음성 반응이 나올 가능성, HIV에 감염되지 않아도 양성 반응이 나올 가능성을 가지고 있다. 이 두 가지 가능성이 높은 검사법은 좋은 검사법이라고 말할 수 없을 것이다.

반면 HIV에 감염되었을 때 양성 반응이 나올 확률과 HIV에 감염되지 않았을 때 음성 반응이 나올 확률이 매우 높은 검사법은 비교적 좋은 품질을 가지고 있다고 말할 수 있다. 통계학자들은 전자에 해당하는 확률을 '민감도'라고 부르며, 후자에 해당하는 확률을 '특이도'라고 부른다. 민감도는 '참 양성 비율'이라고 불리기도 하며, 이는 실제로 감염된 사람들 중 양성 반응을 보인 사람들의 비율이다. 마찬가지로 특이도는 '참 음성 비율'이라고 불리기도 하며, 이는 실제로는 감염되지 않은 사람들 중 음성 반응을 보인 사람들의 비율로 정의된다. 물론 '거짓 양성 비율'은 실제로 병에 걸리지 않은 사람들 중 양성 반응을 보인 사람들의 비율을 뜻하며, '거짓 음성 비율'은 실제로 병에 걸린 사람들 중 음성 반응을 보인 사람들의 비율을 가리킨다.

보기

ㄱ. 어떤 검사법의 민감도가 높을수록 그 검사법의 특이도도 높다.
ㄴ. 어떤 검사법의 특이도가 100%라면 그 검사법의 거짓 양성 비율은 0%이다.
ㄷ. 민감도가 100%인 HIV 항체 검사법을 이용해 어떤 사람을 검사한 결과 양성 반응이 나왔다면 그 사람이 HIV에 감염되었을 확률은 100%이다.

① ㄱ
② ㄴ
③ ㄷ
④ ㄱ, ㄴ
⑤ ㄴ, ㄷ

ㄴ. 셋째 단락에서 '특이도는 '참 음성 비율'이라고 불리기도 하며, 이는 실제로는 감염되지 않은 사람들 중 음성 반응을 보인 사람들의 비율로 정의된다'라고 하였고 "거짓 양성 비율'은 실제로 병에 걸리지 않은 사람들 중 양성 반응을 보인 사람들의 비율을 뜻'한다고 하였다. 따라서 어떤 검사법의 특이도가 100%인 경우라면, 실제로 감염되지 않은 사람은 모두 음성 반응을 보이게 되므로 거짓 양성 비율은 0%가 된다. 따라서 'ㄴ'은 적절한 추론에 해당한다.

ㄱ. 제시된 글에서 어떤 검사법의 민감도와 특이도의 상관관계를 추론할 수 있는 내용은 언급되지 않았으므로, 'ㄱ'은 적절한 추론으로 볼 수 없다. 셋째 단락에서 민감도는 '실제로 감염된 사람들 중 양성 반응을 보인 사람들의 비율'이라 하였고 특이도는 '실제로는 감염되지 않은 사람들 중 음성 반응을 보인 사람들의 비율'이라 하였는데, 두 개념은 내용상 관련이 없으므로 다른 상관관계에 대한 내용이 제시되지 않았다면 'ㄱ'은 올바른 추론이 아니다.

ㄷ. 민감도는 '실제로 감염된 사람들 중 양성 반응을 보인 사람들의 비율'이므로, 이는 '거짓 양성 비율(감염되지 않은 사람이 양성 반응을 보이는 비율)'과 상관관계가 없다. 따라서 민감도가 100%인 검사법을 이용하는 경우라도 '거짓 양성 비율'이 0%가 되지 않는 한 'ㄷ'과 말할 수는 없다. 따라서 'ㄷ'은 적절하지 않다.

05 다음 글의 가설 A, B에 대한 평가로 가장 적절한 것은?

진화론에서는 인류 진화 계통의 초기인 약 700만 년 전에 인간에게 털이 거의 없어졌다고 보고 있다. 털이 없어진 이유에 대해서 학자들은 해부학적, 생리학적, 행태학적 정보들을 이용하는 한편 다양한 상상력까지 동원해서 이와 관련된 진화론적 시나리오들을 제안해 왔다.

가설 A는 단순하게 고안되어 1970년대 당시 많은 사람들이 고개를 끄덕였던 설명으로, 현대적 인간의 출현을 무자비한 폭력과 투쟁의 산물로 설명하던 당시의 모든 가설을 대체할 수 있을 정도로 매력적으로 보였다. 이 가설에 따르면 인간은 진화 초기에 수상생활을 시작하였다. 인간 선조들은 수영을 하고 물속에서 아기를 키우는 등 즐거운 활동을 하기 위해서 수상생활을 하였다. 오랜 물속 생활로 인해 고대 초기 인류들은 몸의 털이 거의 없어졌다. 그 대신 피부 아래에 지방층이 생겨났다.

그 이후에 나타난 가설 B는 인간의 피부에 털이 없으면 털에 사는 기생충들이 감염시키는 질병이 줄어들기 때문에 생존과 생식에 유리하다고 주장하였다. 털은 따뜻하여 이나 벼룩처럼 질병을 일으키는 체외 기생충들이 살기에 적당하기 때문에 신체에 털이 없으면 그러한 병원체들이 자리 잡기 어렵다는 것이다. 이 가설에 따르면 인간이 자신을 더 효과적으로 보호할 수 있는 의복이나 다른 수단들을 활용할 수 있었을 때 비로소 털이 없어지는 진화가 가능하다. 옷이 기생충에 감염되면 벗어서 씻어 내면 간단한데, 굳이 영구적인 털로 몸을 덮을 필요가 있겠는가?

① 인간 선조들의 화석이 고대 호수 근처에서 가장 많이 발견되었다는 사실은 가설 A를 약화한다.

② 털 없는 신체나 피하 지방 같은 현대 인류의 해부학적 특징들을 고래나 돌고래 같은 수생 포유류들도 가지고 있다는 사실은 가설 A를 약화한다.

③ 호수나 강에는 인간의 생존을 위협하는 수인성 바이러스가 광범위하게 퍼져 있었으며 인간의 피부에 그에 대한 방어력이 없다는 사실은 가설 A를 약화한다.

④ 열대 아프리카 지역에서 고대로부터 내려온 전통 생활을 유지하고 있는 주민들이 옷을 거의 입지 않는다는 사실은 가설 B를 강화한다.

⑤ 피부를 보호할 수 있는 옷이나 다른 수단을 만들 수 있는 인공물들이 사용된 시기는 인류 진화의 마지막 단계에 한정된다는 사실은 가설 B를 강화한다.

정답 해설 제시문의 가설 A는 인간이 오랜 물속 생활로 인해 고대 초기 인류들은 몸의 털이 거의 없어졌고 피부 아래에 지방층이 생겼다는 가설이고, 가설 B는 인간의 피부에 털이 없으면 털에 사는 기생충이 감염시키는 질병이 줄어들며, 따라서 자신을 효과적으로 보호할 수 있는 의복 등의 수단들을 활용할 수 있을 때 비로소 털이 없어진다는 가설이다. 따라서 호수나 강물에 인간을 위협하는 수인성 바이러스가 광범위하게 퍼져 있었고 인간의 피부에 그에 대한 방어력이 없다는 사실은, 수상생활로 인해 털이 없어졌다고 주장하는 가설 A를 약화한다. 따라서 ③은 적절한 평가가 된다.

오답 해설 ①·② 가설 A를 강화하는 평가이다.

④ 의복 등을 활용할 수 있는 오늘날까지도 고대의 전통 생활을 유지하고 있는 아프리카 주민들이 옷을 입지 않는다는 사실은 가설 B를 약화시키는 평가에 해당한다.

⑤ 피부를 보호할 수 있는 옷 등의 인공물들이 사용된 시기는 인류 진화의 마지막 단계에 한정된다는 것은 가설 B를 약화시키는 평가이다.

06 다음 글에서 알 수 있는 내용으로 가장 알맞은 것은?

아리스토텔레스는 정치체제를 세 가지로 구분하는데, 군주정, 귀족정, 제헌정이 그것이다. 세 번째 정치체제는 재산의 등급에 기초한 정치체제로서, 금권정으로 불러야 마땅하지만, 대부분의 사람들은 제헌정이라고 부른다. 이것들 가운데 최선은 군주정이며 최악은 금권정이다.

또한 그는 세 가지 정치체제가 각기 타락한 세 가지 형태를 제시한다. 참주정은 군주정의 타락한 형태이다. 양자 모두 일인 통치 체제이긴 하지만 그 차이는 엄청나다. 군주는 모든 좋은 점에 있어서 다른 사람들을 능가하기 때문에 자신을 위해 어떤 것도 필요로 하지 않는다. 그래서 군주는 자기 자신에게 이익이 되는 것이 아니라 다스림을 받는 사람에게 이익이 되는 것을 추구한다. 반면 참주는 군주의 반대이다. 못된 군주가 참주가 된다. 참주는 자신에게만 이익이 되는 것을 추구하기에, 참주정은 최악의 정치체제이다.

귀족정이 과두정으로 타락하는 것은 지배자 집단의 악덕 때문이다. 그 지배자 집단은 도시의 소유물을 올바르게 배분하지 않으며, 좋은 것들 전부 혹은 대부분을 자신들에게 배분하고 공직은 항상 자신들이 차지한다. 그들이 가장 중요하게 생각하는 것은 부를 축적하는 일이다. 과두정에서는 소수만이 다스리는데, 훌륭한 사람들이 아니라 못된 사람들이 다스린다.

민주정은 다수가 통치하는 체제이다. 민주정은 금권정으로부터 나온다. 금권정 역시 다수가 통치하는 체제인데, 일정 재산 이상의 자격 요건을 갖춘 사람들은 모두 동등하기 때문이다. 타락한 정치체제 중에서는 민주정이 가장 덜 나쁜 것이다. 제헌정의 기본 틀에서 약간만 타락한 것이기 때문이다.

① 정치체제의 형태는 일곱 가지이다.
② 군주정은 민주정보다 나쁜 정치체제이다.
③ 제헌정, 참주정, 귀족정, 과두정 중에서 최악의 정치체제는 제헌정이다.
④ 금권정에서 타락한 형태의 정치체제가 과두정보다 더 나쁜 정치체제이다.
⑤ 군주정과 참주정은 일인 통치 체제이지만, 제헌정과 민주정은 다수가 통치하는 체제이다.

정답 해설 둘째 단락에서 '참주정은 군주정의 타락한 형태이다. 양자 모두 일인 통치 체제이긴 하지만 그 차이는 엄청나다'라고 하였고, 넷째 단락에서 '민주정은 다수가 통치하는 체제이다. 민주정은 금권정으로부터 나온다. 금권정 역시 다수가 통치하는 체제인데'라고 하였다. 따라서 군주정과 참주정은 일인 통치체제이고, 제헌정(금권정)과 민주정은 다수의 통치체제라 할 수 있다.

오답 해설 ① 글의 첫 번째 문장인 '아리스토텔레스는 정치체제를 세 가지로 구분하는데, 군주정, 귀족정, 제헌정(금권정)이 그것이다'에서 정치체제가 크게 세 가지로 구분한다는 것을 알 수 있다. 또한 이 세 가지 정치체제의 타락한 형태까지를 포함하더라도 정치 형태는 여섯 가지가 되므로, ①은 옳지 않다.

② 첫째 단락의 '이것들 가운데 최선은 군주정이며 최악은 금권정이다'의 내용과 배치되는 내용이다. 즉, 민주정은 금권정에서 나온 형태이므로, 민주정이 군주정보다 나쁜 정치체제라 할 수 있다.

③ 둘째 단락의 마지막 문장인 '참주정은 최악의 정치체제이다'라는 내용과 차이가 있다. 즉, 아리스토텔레스가 제시한 군주정, 귀족정, 제헌정의 세 정치체제 중 최악의 정치체제는 제헌정이나, 세 정치체제의 타락한 형태로 각각 참주정, 과두정, 민주정을 제시하였고, 이 중 참주정이 최악의 정치체제라 하였다.

④ 금권정에서 타락한 형태는 민주정이고 귀족정에서 타락한 형태가 과두정인데, 넷째 단락에서 '타락한 정치체제 중에서는 민주정이 가장 덜 나쁜 것이다'라고 하였다. 따라서 ④도 옳지 않다.

[07~08] 다음 글을 읽고 물음에 답하시오.

자유주의는 평등과 정의의 문제를 모든 개인의 자유와 권리를 똑같이 보장하는 것으로 보았고, 이를 수행하기 위한 최소한의 국가를 주장했다. 자유주의의 이론적 배경은 자본주의 사회의 역사적 전개 과정에 있었다. 그러나 역설적으로 자유주의는 자본주의의 발전 과정에서 사상적 기반이 흔들리게 되었다. 즉, 경쟁적 산업 자본주의 단계에서 국가 독점 자본주의 단계로 전개되는 과정에서 국가는 집적과 집중에 의한 자본 축적의 기능을 수행하면서 거대화되었다. 그리고 거대화된 국가는 부르주아의 독점 권력이라는 실질적인 정치적 불평등의 심화와 더불어 첨예한 사회 경제적 불평등을 초래했다. 그리고 이러한 권력은 노동자 계급의 자유와 권리를 심각할 정도로 침해하는 것이었다.

자유주의자들은 이와 같은 사태에 직면해서 자신들의 입장을 어느 정도 수정하지 않으면 안 되었다. 이는 복지 국가 노선을 적극적으로 수용하는 것을 의미했다. 이와 같은 수정 자유주의 이론 중에서 ㉠ 롤즈의 사회 정의론은 주목할 만한 것이다.

롤즈는 "진리가 사상 체계의 첫째 덕목이듯이, 정의는 사회 제도의 첫째 덕목이다."라고 하였다. 즉, 정의란 고전적 자유주의자들이 생각하는 것처럼 개인적 차원의 문제가 아니라 사회적 차원의 문제로서 바람직한 사회의 기본 구조와 제도를 규제하는 원칙이라는 것이다. 그리고 이와 같은 정의의 원칙은 자본가 계급에 속하는 사람이건 노동자 계급에 속하는 사람이건 모든 사람이 다 받아들일 수 있는 것이어야 한다. 그렇기 때문에 국가는 모든 개인의 평등한 자유를 최대한 보장해야 하면서, 동시에 정당화될 수 없는 어떠한 정치적, 사회적, 경제적 불평등도 허용해서는 안 된다. 다시 말해서 롤즈의 목표는 자유, 권력, 소득, 부, 기회와 같은 사회적 기본 가치를 분배하는 데에 정당화될 수 있는 불평등만을 인정함으로써 최대한의 평등을 달성할 수 있는 정의의 원칙을 제시하여 바람직한 사회의 기본 구조와 제도를 마련하고자 한 것이다.

이에 따라서 롤즈는 정의의 두 가지 원칙을 제시했다. 첫 번째는 평등한 자유의 원칙으로, 개인 각자는 모든 사람에게 허용될 수 있는 자유와 양립 가능한 범위 안에서 최대한으로 광범위한 기본적 자유 권리를 갖는다. 다시 말해서 개인은 전체의 자유를 무너뜨리지 않는 범위 안에서 최대한의 자유를 가질 수 있고, 각 개인의 이러한 자유는 전체의 자유와 평등한 정도로 보장되어야 한다는 것이다. 그리고 두 번째는 차등의 원칙으로, 사회 경제적 불평등은 최소 수혜자에게 최대 이익을 보장하도록 조정되어야 한다는 것이다. 이때 불평등의 계기가 되는 직위와 지위는 공정한 기회 균등의 원칙에 따라 모든 사람에게 개방되어야 한다.

롤즈의 이러한 수정 자유주의는 기본적으로 ㉡ 자유주의의 전통에 서 있다. 그러나 이 양자에는 중대한 차이점이 있다. 자유주의자들도 일반적으로 불평등을 정당화할 수 있는 최선의 전략을 공정한 기회 균등에서 찾았다. 그러나 이들은 공정한 기회 균등의 원칙을 통과한 불평등을 무조건 정당하다고 보았다. 반면에 수정 자유주의자들은 이에 대한 또 다른 조건을 설정하고 있다. 즉 차등 원칙에 따르면, 기회 균등과 공정한 경쟁을 통과한 사회적 불평등이라 할지라도 그 자체로 정당화되는 것이 아니라 최소 수혜자에게 최대의 이익을 보장해 주어야 하는 것이다.

07 다음 중 ㉠의 전제 조건으로 가장 적절한 것은?

① 자유와 평등도 중요하지만 정의보다는 하위 개념이다.
② 자유와 평등은 필연적으로 어느 한쪽을 배제하기 마련이다.
③ 자유와 평등의 조화를 위해서는 양자를 배제한 새로운 이념이 필요하다.
④ 자유와 평등이 상호 보완적 관계를 이루기 위해서는 양자의 충돌이 불가피하다.
⑤ 자유의 개념이 역사적으로 먼저 등장하였기에 자유를 중심으로 한 평등의 실현이 필요하다.

정답 해설 셋째 단락 첫 문장의 '정의는 사회 제도의 첫째 덕목이다'라는 내용과 넷째 단락에서 제시한 사회 정의론의 두 가지 원칙을 통해, ㉠의 전제 조건을 파악할 수 있다. 특히, 넷째 단락의 '개인 각자는 모든 사람에게 허용될 수 있는 자유와 양립 가능한 범위 안에서 최대한으로 광범위한 기본적 자유 권리를 갖는다'와 '사회 경제적 불평등은 최소 수혜자에게 최대 이익을 보장하도록 조정되어야 한다는 것이다'라고 하였는데, 이는 결국 사회의 정의를 위해 권리가 제한 · 조정될 수 있다는 것을 의미하므로, 권리(자유와 평등)의 개념을 정의의 개념보다 하위 개념으로 전제하고 있다는 것을 알 수 있다. 따라서 ①~⑤ 중 롤즈의 사회 정의론의 전제 조건으로 가장 적절한 것은 ①이 된다.

정답 07 ①

08 다음 중 ㉡의 핵심을 가장 잘 표현한 것은?

① 만인의 복지를 위해 최소한의 정부를 추구한다.

② 최소한의 제약으로 최대한의 자유를 추구한다.

③ 다양한 가치관보다 다양한 삶의 양식을 지향한다.

④ 충돌의 혼란에서 벗어나 원칙을 존중하는 사회를 지향한다.

⑤ 경쟁적 산업 자본주의를 통해 노동자 계급의 지위를 보장한다.

정답 해설 첫째 단락에서 '자유주의는 평등과 정의의 문제를 모든 개인의 자유와 권리를 똑같이 보장하는 것으로 보았고, 이를 수행하기 위한 "최소한의 국가"를 주장했다'라고 하였고, '역설적으로 자유주의는 자본주의의 발전 과정에서 사상적 기반이 흔들리게 되었다. 즉, 경쟁적 산업 자본주의 단계에서 국가 독점 자본주의 단계로 전개되는 과정에서 국가는 집적과 집중에 의한 자본 축적의 기능을 수행하면서 거대화되었다'라고 하였다. "최소한의 국가"가 독점 자본주의 단계로 접어들면서 흔들려 국가의 기능이 거대화되었다고 하였으므로, 결국 자유주의의 핵심은 국가의 기능을 최소화하면서 자유를 추구하는 것이라 볼 수 있다. 따라서 자유주의의 핵심을 가장 잘 표현한 것은 ②이다.

오답 해설 ① '만인의 복지'는 국가의 개입과 간섭의 확대, 역할의 강화와 연결되므로, 자유주의의 핵심과는 거리가 멀다.

③ · ④ 글에서 언급된 자유주의에 관한 내용과 관련이 없다.

⑤ 첫째 단락에서 경쟁적 산업 자본주의 단계에서 국가 독점 자본주의 단계로 전개되는 과정에서 노동자 계급의 자유와 권리는 심각할 정도로 침해되었다고 했으므로, ⑤의 내용은 옳지 않다.

09 다음 글의 중심 주제로 가장 적절한 것은?

맹자는 다음과 같은 이야기를 전한다. 송나라의 한 농부가 밭에 나갔다 돌아오면서 처자에게 말한다. "오늘 일을 너무 많이 했다. 밭의 싹들이 빨리 자라도록 하나하나 잡아당겨 줬더니 피곤하구나." 아내와 아이가 밭에 나가보았더니 싹들이 모두 말라 죽어 있었다. 이렇게 자라는 것을 억지로 돕는 일, 즉 조장(助長)을 하지 말라고 맹자는 말한다. 싹이 빨리 자라기를 바란다고 싹을 억지로 잡아 올려서는 안 된다. 목적을 이루기 위해 가장 빠른 효과를 얻고 싶겠지만 이는 도리어 효과를 놓치는 길이다. 억지로 효과를 내려고 했기 때문이다. 싹이 자라기를 바라 싹을 잡아당기는 것은 이미 시작된 과정을 거스르는 일이다. 효과가 자연스럽게 나타날 가능성을 방해하고 막는 일이기 때문이다. 당연히 싹의 성장 가능성은 땅 속의 씨앗에 들어있는 것이다. 개입하고 힘을 쏟고자 하는 대신에 이 잠재력을 발휘할 수 있도록 하는 것이 중요하다.

피해야 할 두 개의 암초가 있다. 첫째는 싹을 잡아당겨서 직접적으로 성장을 이루려는 것이다. 이는 목적성이 있는 적극적 행동주의로서 성장의 자연스러운 과정을 존중하지 않는 것이다. 달리 말하면 효과가 숙성되도록 놔두지 않는 것이다. 둘째는 밭의 가장자리에 서서 자라는 것을 지켜보는 것이다. 싹을 잡아당겨서도 안 되고 그렇다고 단지 싹이 자라는 것을 지켜만 봐서도 안 된다. 그렇다면 무엇을 해야 하는가? 싹 밑의 잡초를 뽑고 김을 매주는 일을 해야 하는 것이다. 경작이 용이한 땅을 조성하고 공기를 통하게 함으로써 성장을 보조해야 한다. 기다리지 못함도 삼가고 아무것도 안함도 삼가야 한다. 작동 중에 있는 자연스런 성향이 발휘되도록 기다리면서도 전력을 다할 수 있도록 돕는 노력도 멈추지 말아야 한다.

① 인류사회는 자연의 한계를 극복하려는 인위적 노력에 의해 발전해 왔다.
② 싹이 스스로 성장하도록 그대로 두는 것이 수확량을 극대화하는 방법이다.
③ 잠재력을 발휘하도록 하려면 의도적 개입과 방관적 태도 모두를 경계해야 한다.
④ 자연의 순조로운 운행을 방해하는 인간의 개입은 예기치 못한 화를 초래할 것이다.
⑤ 어떤 일을 진행할 때 가장 중요한 것은 명확한 목적성을 설정하는 것이다.

정답해설 제시된 글의 마지막 두 문장인 '기다리지 못함도 삼가고 아무것도 안함도 삼가야 한다. 작동 중에 있는 자연스런 성향이 발휘되도록 기다리면서도 전력을 다할 수 있도록 돕는 노력도 멈추지 말아야 한다'에 글의 중심적 내용이 담겨 있다. 즉, 최대한 잠재력을 발휘할 수 있도록 의도적 개입과 방관적 태도를 모두 경계해야 한다는 것이 글의 중심 주제이다.

① 첫째 단락의 마지막 문장에서 '개입하고 힘을 쏟고자 하는 대신에 이 잠재력을 발휘할 수 있도록 하는 것이 중요하다'라고 전제하였고, 중심 내용을 담고 있는 둘째 단락의 마지막 문장에서는 '작동 중에 있는 자연스런 성향이 발휘되도록 기다리면서도 전력을 다할 수 있도록 돕는 노력도 멈추지 말아야 한다'라고 하였다. 따라서 인위적 노력에 의한 발전만을 언급한 ①은 글의 주제로 적절하지 않다.

② 둘째 단락의 중간 부분에서 '싹을 잡아당겨서도 안 되고 그렇다고 단지 싹이 자라는 것을 지켜만 봐서도 안 된다'라고 하였는데, ②는 이에 어긋난 내용이므로 주제로 적절하지 않다.

④ 둘째 단락의 중간 부분에서 피해야 할 두 번째 암초로 '밭의 가장자리에 서서 자라는 것을 지켜보는 것'을 언급하였고, 글의 중심 내용을 담고 있는 후반부에서 '기다리지 못함도 삼가고 아무것도 안함도 삼가야 한다. 작동 중에 있는 자연스런 성향이 발휘되도록 기다리면서도 전력을 다할 수 있도록 돕는 노력도 멈추지 말아야 한다'라고 하였다. 따라서 전력을 다할 수 있도록 돕는(개입하는) 것도 필요하다고 할 수 있다. ④는 이에 배치되는 내용이다.

⑤ 제시된 글의 중심 내용에서 벗어난 내용이며 '명확한 목적성'의 의미도 불분명하므로, 글의 주제로 적절하지 않다.

10 다음 글의 ㉠~㉤ 사이의 관계를 바르게 기술한 것은?

㉠ 지구에서 유전자가 자연발생할 확률은 $1/10^{100}$보다 작지만, 지구 외부 우주에서 유전자가 자연발생할 확률은 $1/10^{50}$보다 크다. 유전자가 자연발생하지 않았다면 생명체도 자연발생할 수 없다. 그런데 생명체가 자연발생하였다는 것이 밝혀졌다. 따라서 ㉡ 유전자는 자연발생했다. ㉢ 지구에서 유전자가 자연발생할 확률이 지구 외부 우주에서 유전자가 자연발생할 확률보다 작으며 유전자가 자연발생하였다면, 유전자가 우주에서 지구로 유입되었을 가능성이 크다. 이를 볼 때, ㉣ 유전자는 우주에서 지구로 유입되었을 가능성이 크다고 판단할 수 있다. 왜냐하면 ㉤ 지구에서 유전자가 자연발생할 확률은 지구 외부 우주에서 유전자가 자연발생할 확률보다 훨씬 작다는 것이 참이기 때문이다.

① ㉡이 참이면, ㉤은 반드시 참이다.
② ㉤이 참이면, ㉠은 반드시 참이다.
③ ㉠, ㉡이 모두 참이면, ㉢은 반드시 참이다.
④ ㉡, ㉣이 모두 참이면, ㉤은 반드시 참이다.
⑤ ㉠, ㉡, ㉢이 모두 참이면, ㉣은 반드시 참이다.

정답 해설 ㉠, ㉡, ㉢을 통해 ㉣이 도출된다. 따라서 ㉠, ㉡, ㉢이 모두 참인 경우 ㉣도 참이 된다.

오답 해설
① ㉡과 ㉤은 인과관계가 성립하지 않으므로, ㉡이 참이라고 해서 ㉤이 반드시 참이 되는 것은 아니다.
② ㉤이 참이라고 해서 ㉠과 같은 구체적 수치화가 참이 되는 것은 아니다.
③ ㉠과 ㉡이 모두 참이라 해도, 이것이 ㉢이 참이 되는 근거가 되는 것은 아니다. 즉, 유전자가 우주에서 지구로 유입되었을 가능성이 크다는 직접적인 근거가 참이어야 하는데, 이는 ㉠과 ㉡만으로는 단정할 수 없다.
④ ㉡과 ㉣이 모두 참인 경우, '자연발생한 유전자는 우주에서 지구로 유입되었을 가능성이 크다'는 것이 사실이 된다. 하지만 이것은 지구와 지구 외부에서 유전자가 자연발생할 각각의 확률을 설명하는 것이 아니므로, ㉤의 근거는 아니다.

정답 10 ⑤

11 다음 글에서 추론할 수 있는 내용으로 가장 적절한 것은?

원형 감옥은 원래 영국의 철학자이자 사회 개혁가인 제레미 벤담(Jeremy Bentham)의 유토피아적인 열망에 의해 구상된 것으로 알려져 있다. 벤담은 지금의 인식과는 달리 원형 감옥이 사회 개혁을 가능케 해주는 가장 효율적인 수단이 될 수 있다고 생각했지만, 결국 받아들여지지 않았다. 사회 문화적으로 원형 감옥은 그 당시 유행했던 '사회 물리학'의 한 예로 간주될 수 있다.

원형 감옥은 중앙에 감시하는 방이 있고, 그 주위에 개별 감방들이 있는 원형 건물이다. 각 방에 있는 죄수들은 간수 또는 감시자의 관찰에 노출되지만, 감시하는 사람들을 죄수는 볼 수가 없다. 이는 정교하게 고안된 조명과 목재 블라인드에 의해 가능하다. 보이지 않는 사람들에 의해 감시되고 있다는 생각 자체가 지속적인 통제를 가능케 해준다. 즉 감시하는지 안 하는지 모르기 때문에 항상 감시당하고 있다고 생각해야 하는 것이다. 따라서 모든 규칙을 스스로 지키지 않을 수 없는 것이다.

① 원형 감옥은 서로의 시선을 차단해 주는 장치이다.
② 원형 감옥은 타자와 자신, 양자에 의한 이중 통제 장치이다.
③ 원형 감옥의 원리는 감옥 이외에 다른 사회 부문에 적용될 수 있다.
④ 원형 감옥은 관찰자를 신의 전지전능한 위치로 격상시키는 세속적 힘을 부여한다.
⑤ 원형 감옥은 관찰자가 느끼는 불확실성을 수단으로 활용해 피관찰자를 복종하도록 한다.

정답해설 둘째 단락에서 원형 감옥에 대해 '감시하는 사람들을 죄수는 볼 수가 없다', '즉 감시하는지 안 하는지 모르기 때문에 항상 감시당하고 있다고 생각해야 하는 것이다. 따라서 모든 규칙을 스스로 지키지 않을 수 없는 것이다'라고 하였다. 따라서 이러한 원형 감옥은 결국 감시자(타자)와 죄수(자신)가 스스로 통제하는 이중 감시 장치라 볼 수 있다. 따라서 ②는 추론할 수 있는 내용으로 적절하다.

오답해설 ① 원형 감옥은 감시자는 죄수를 관찰할 수 있지만 죄수는 감시자를 볼 수 없는 장치일 뿐이다. 따라서 서로의 시선을 차단하는 장치로 볼 수는 없다.

③ 첫째 단락에서 원형 감옥은 받아들여지지 않았다고 했으므로, 이후 이것이 다른 사회 부분에 적용되었다고 보기는 어렵다.

④ 원형 감옥은 관찰자를 전지전능한 신의 위치로 격상시키는 장치가 아니다. 첫째 단락에서 벤담은

'원형 감옥이 사회 개혁을 가능케 해주는 가장 효율적인 수단이 될 수 있다'라고 생각했다고 하였다.

⑤ 원형 감옥은 피관찰자인 죄수들이 감시받는지 여부를 알 수 없어 언제나 감시받고 있다는 느낌을 가지게 함으로써 죄수 스스로를 감시하는 효과까지 얻는 장치이다. 따라서 관찰자가 느끼는 불확실성을 수단으로 활용해 피관찰자를 복종하도록 하는 장치는 아니다.

1DAY 2DAY 3DAY

12 다음 글을 논리적 순서대로 바르게 배열한 것은?

㉠ 꿀벌은 자기가 벌집 앞에서 날개를 파닥거리면서 맴을 돎으로써 다른 벌한테 먹이가 있는 방향과 거리를 알려 준다고 한다.

㉡ 사람 이외의 다른 동물들이 언어를 가졌다는 증거는 아직 나타나지 않는다.

㉢ 의사 전달에 사용되는 수단이 극히 제한되어 있고, 그것이 표현하는 의미도 매우 단순하다.

㉣ 그러나 동물의 이러한 의사 교환의 방법은 사람의 말에 비교한다면 불완전하기 짝이 없다.

① ㉠-㉡-㉢-㉣
② ㉠-㉣-㉢-㉡
③ ㉡-㉠-㉣-㉢
④ ㉡-㉣-㉢-㉣
⑤ ㉢-㉣-㉡-㉠

정답 해설 ㉠은 꿀벌의 행동을 통한 의사 교환 방법을 예시한 것인데, 이는 사람 외에 동물들이 언어를 가졌다는 증거가 나타나지 않았다는 ㉡을 입증하기 위한 것이므로, '㉡-㉠'의 순서가 자연스럽다. 그리고 ㉣의 '이러한 동물의 의사 교환방법'은 ㉠을 지칭하므로, '㉠-㉣'의 순서가 됨을 알 수 있다. ㉢의 경우 동물의 의사 교환 방법이 불완전하다는 ㉣의 내용을 부연 설명한 것이므로, '㉣-㉢'의 순서가 된다. 따라서 ③이 논리적으로 가장 적절하다.

13 다음의 글의 내용 및 논지 전개상 빈칸에 들어갈 내용으로 가장 알맞은 것은?

제목 : 과학기술자의 책임과 권리

서론 : 과학기술의 사회적 영향력에 대한 인식

본론1 : 과학기술자의 책임

1) 과학기술 측면 : 과학기술 개발을 위한 지속적인 노력

2) 윤리적 측면 : 사회윤리 의식의 실천

본론2 : 과학기술자의 권리

1) 연구의 자율성을 보장받을 권리

2) 비윤리적 연구 수행을 거부할 권리

결론 : ______________________

① 연구 환경의 확보

② 과학기술자와 사회윤리

③ 과학기술 개발의 중요성

④ 과학적 성과와 책임의 연계

⑤ 과학기술자의 책임의식과 권리의 확보

정답해설 본론1과 2에서 과학기술자의 책임과 권리의 문제를 다루었으므로, 결론에서는 이를 요약하고 관련 내용을 정리하여야 한다. 따라서 ⑤가 가장 적합하다.

14 다음 글의 내용과 관련된 속담으로 가장 적절한 것은?

우리 토박이말이 있는데도 그것을 쓰지 않고 외국에서 들여온 말을 쓰는 버릇이 생겼다. '가람'이 옛날부터 있는데도 중국에서 '강(江)'이 들어오더니 '가람'을 물리쳤고 '뫼'가 있는데도 굳이 '산(山)'이 그 자리에 올라 앉고 말았다. (중략)

원래 '외래어'란, 우리말로는 적당하게 표현할 말이 없을 때에 마지못해 외국말에서 빌려다 쓰다가 보니 이제 완전히 우리말과 똑같이 되어 버린 것을 말한다. '학교, 선생, 비행기, 가족계획' 등등의 무수한 한자어가 그것이며, '버스, 빌딩, 커피, 뉴스' 등등 서양에서 들여온 외국어가 그것이다.

① 굴러 온 돌이 박힌 돌 뺀다.
② 발 없는 말이 천 리 간다.
③ 낮말은 새가 듣고 밤말은 쥐가 듣는다.
④ 말은 해야 맛이고 고기는 씹어야 맛이다.
③ 홍시 먹다가 이 빠진다.

정답 해설 제시된 글은 우리말을 적당히 표현하기 위해 마지못해 들여온 외국말이 우리말을 대신하게 되었다는 내용이다. 따라서 이에 가장 적합한 속담은 ①이다. '굴러 온 돌이 박힌 돌 뺀다'는 것은 외부에서 새로 들어온 사람이 본래 있던 사람을 내쫓거나 해를 입힌다는 것을 비유적으로 이르는 속담이다.

오답 해설
② '발 없는 말이 천 리 간다'는 순식간에 멀리까지 퍼져 나가므로 말을 삼가야 함을 비유적으로 이르는 속담이다.
③ '낮말은 새가 듣고 밤말은 쥐가 듣는다'는 것은 비밀은 결국 지켜지지 않고 남의 귀에 들어간다는 뜻으로, 항상 말조심을 해야 함을 비유적으로 이르는 속담이다.
④ '말은 해야 맛이고 고기는 씹어야 맛이다'는 마땅히 할 말은 해야 한다는 것을 의미하는 속담이다.
⑤ '홍시 먹다가 이 빠진다'는 것은 일이 안 되거나 꼬이는 경우를 비유적으로 이르거나, 또는 쉽게 생각했던 일이 뜻밖에 어려워 힘이 많이 들거나 실패한 경우를 이르는 속담이다.

15 다음 빈칸에 들어갈 접속어를 순서대로 바르게 나열한 것은?

각 시대는 그 시대의 특징을 나타내는 문학이 있다고 한다. 우리나라도 무릇 四千年이 넘는 생활의 역사를 가진 만큼 그 발전 시기마다 각각 특색을 가진 문학이 없을 수 없고, 문학이 있었다면 그 중추가 되는 것은 아무래도 시가문학이라고 볼 수밖에 없다. (㉠) 대개 어느 민족을 막론하고 인간 사회가 성립하는 동시에 벌써 각자의 감정과 의사를 표시하려는 욕망이 생겼을 것이며, 삼라만상의 대자연은 자연 그 자체가 율동적이고 음악적이라고 할 수 있기 때문이다. 다시 말하면 인간이 생활하는 곳에는 자연적으로 시가가 발생하였다고 할 수 있다. (㉡) 사람의 지혜가 트이고 비교적 언어의 사용이 능란해짐에 따라 종합 예술체의 한 부분으로 있었던 서정문학적 요소가 분화 · 독립되어 제요나 노동요 따위의 시가의 원형을 이루고 다시 이 집단적 가요는 개인적 서정시로 발전하여 갔으리라 추측된다. (㉢) 다른 나라도 마찬가지이겠지만 우리 문학사상 시가의 지위는 상당히 중요한 몫을 지니고 있다.

	㉠	㉡	㉢
①	그러므로	그러나	그럼에도 불구하고
②	왜냐하면	그리고	그러므로
③	그러므로	그리고	왜냐하면
④	왜냐하면	그러나	그러므로
⑤	그러므로	따라서	그럼에도 불구하고

정답 해설 ㉠의 경우, 뒤에 '~때문이다'라는 말이 나오므로 이와 호응할 수 있는 '왜냐하면'이 들어가야 한다. 내용상으로도, ㉠ 앞에서 시가 문학이 문학의 중추가 되었다고 하였고 뒤에서는 그 이유를 제시하고 있으므로, ㉠에는 접속어 '왜냐하면'이 가장 적합하다.

㉡의 경우, 앞에서는 시가가 발생하였다는 내용이 나왔고, 뒤에서는 이에 연결하여 서정문학적 요소가 제요나 노동요 등의 시가의 원형을 이루고 이것이 다시 개인적 서정시로 발전되어 갔다는 내용이 나온다. 따라서 ㉡에는 대등 · 병렬적 연결의 접속어 '그리고'가 적합하다.

㉢의 경우, 뒤의 내용이 앞의 내용에 대한 결과 또는 결론에 해당하는 내용이므로, 접속어 '그러므로'가 와야 한다.

16 밑줄 친 단어의 의미와 가장 가까운 것은?

경찰의 손이 미치지 않는 곳으로 도망갔다.

① 그는 장사꾼의 손에 놀아날 정도로 세상 물정에 어둡다.
② 제삿날 손을 치르고 나면 온몸이 쑤신다고하는 사람들이 많다.
③ 마감 일이 이제 코앞으로 다가와서 더 이상 손을 늦출 수가 없다.
④ 대기업들이 온갖 사업에 손을 뻗치자 중소기업들은 설 곳을 잃게 되었다.
⑤ 손이 턱없이 부족해서 제 날짜에 물건을 납품하지 못하겠다.

정답 해설 제시된 문장에서의 '손'은 '어떤 사람의 영향력이나 권한이 미치는 범위'라는 의미를 지닌다. ④의 '손'도 이러한 의미가 된다.

오답 해설 ① 여기서의 '손'은 '어떤 것을 마음대로 다루는 사람의 수완이나 꾀'의 의미이다.
② '손님'의 의미이다. '손(을) 치르다'는 '큰일에 여러 손님을 대접하다.'라는 뜻의 관용적 표현이다.
③ '손을 늦추다'는 '사람이 긴장을 풀고 일을 더디게 하다.'라는 관용적 표현이다.
⑤ 여기서의 '손'은 '농사일 따위의 육체적인 노동을 하기 위한 일손이나 품'을 의미한다.

1DAY 2DAY 3DAY

17 다음 제시된 문장의 빈칸에 가장 들어갈 말로 가장 적합한 것은?

그는 병역을 (　)한 혐의로 조사를 받고 있다.

① 회피
② 면피
③ 도피
④ 기피
⑤ 거피

정답해설 제시된 빈칸에는 '기피'가 가장 적합하다. '기피'는 '꺼리거나 싫어하여 피함' 또는 '어떤 대상이나 일 따위를 직접 하거나 부딪치기를 꺼리어 피함'을 의미한다.

① '회피'는 '몸을 숨기고 만나지 아니함'을 의미한다.
② '면피'는 '면하여 피함'이라는 의미이다.
③ '도피'는 '도망하여 몸을 피함'을 의미한다.
⑤ '거피'는 '콩, 팥, 녹두 등의 껍질이나 소, 돼지, 말 등의 가죽을 벗김'을 의미하는 말이다.

[18~19] 다음은 우리나라의 교육 관련 통계이다. 이를 토대로 다음 물음에 가장 적절한 답을 고르시오.

연도	정부예산 대비 교육부예산	교원 1인당 학생수(명)			학급당 학생수(명)		
		초등학교	중학교	고등학교	초등학교	중학교	고등학교
2014	19.5	25.7	19.6	16.5	32.6	36.1	35.2
2015	20.8	25.1	19.4	15.9	31.8	35.3	33.9
2016	20.1	24.0	19.4	15.8	30.9	35.2	33.7
2017	19.8	22.9	19.1	15.9	30.2	35.0	33.9
2018	20.5	21.3	18.8	16.0	29.2	34.7	34.0

18 다음 설명 중 옳은 것은?

① 교육부의 예산 규모는 2015년에 가장 컸다.
② 초등학생의 수는 매년 계속해서 감소하고 있다.
③ 중학교의 학생과밀화 현상은 매년 점점 해소되고 있다.
④ 고등학생의 수는 감소하다 2017년부터는 증가하고 있다.
⑤ 학생 1인당 교원의 수는 초등학교에서 가장 뚜렷이 감소하고 있다.

정답해설 학급당 중학생수가 매년 지속적으로 감소하고 있으므로 학생과밀화 현상은 점차 완화되고 있다고 할 수 있다.

오답해설 ① 자료에는 정부의 전체 예산 중 교육부 예산이 차지하는 비율만 제시되어 있으며, 연도별 정부예산 규모는 알 수 없다. 따라서 연도별 교육부 예산의 규모는 파악할 수 없으므로, ①과 같이 단정할 수는 없다.

②·④ 연도별 교원 1인당 학생수와 학급당 학생수만 제시되어 있으며 구체적인 교원의 수나 학급의 개수는 제시되지 않았으므로, 연도별 학생수도 알 수 없다. 교원의 수나 학급의 개수가 상대적으로 더 증가하면 교원 1인당 학생수와 학급당 학생수는 상대적으로 감소하며, 반대의 경우는 증가하기 때문이다. 따라서 제시된 통계자료만으로는 초등학생의 수나 고등학생의 수의 증감을 알 수는 없으므로, ②와 ④도 알 수 없는 내용이다.

⑤ 교원 1인당 학생수가 초등학교에서 뚜렷이 감소하고 있으므로, 학생 1인당 교원수는 오히려 증가하고 있다고 봐야 한다.

19 2018년도 우리나라 고등학교 학급의 수를 모두 15,000개라 할 때 그 해의 고등학교 교원의 수는 얼마인가?

① 27,744명 ② 31,875명
③ 40,118명 ④ 81,600명
⑤ 510,000명

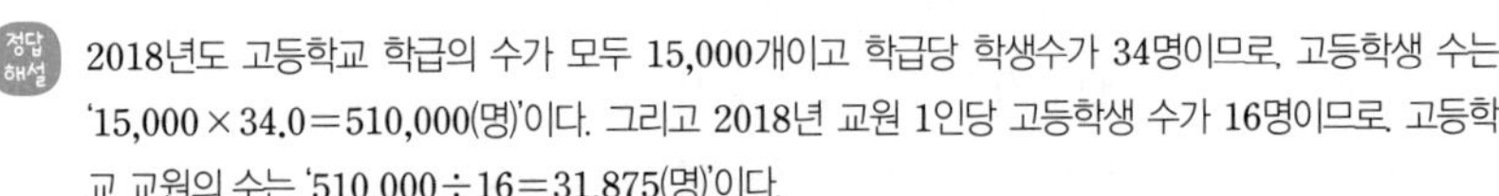
정답 해설 2018년도 고등학교 학급의 수가 모두 15,000개이고 학급당 학생수가 34명이므로, 고등학생 수는 '15,000×34.0=510,000(명)'이다. 그리고 2018년 교원 1인당 고등학생 수가 16명이므로, 고등학교 교원의 수는 '510,000÷16=31,875(명)'이다.

[20~21] 다음은 생태계의 서식처별 현황과 관련예산에 대한 내용이다. 서식처의 크기는 현황파악 비용에 비례한다고 할 때, 다음 물음에 답하시오.

(단위 : 억 원)

구 분	현황파악 비용	장기 관찰 비용	연구 및 보전 비용	복구 비용	기타 비용
산림생태계	100	90	1,000	640	1,000
해양생태계	100	112	1,500	800	500
호소생태계	80	140	200	200	200
하천생태계	30	5	15	100	150
농경생태계	50	100	1,250	750	100

20 다음 중 옳지 않은 것은?

① 서식처 크기는 산림생태계와 해양생태계가 가장 크고 하천생태계가 가장 작다.
② 농경생태계의 서식처 크기는 호소생태계의 서식처 크기보다 작다.
③ 서식처의 크기가 가장 작은 생태계의 경우 연구 및 보전 비용도 가장 적다.
④ 장기 관찰 비용이 많이 들수록 현황파악 비용도 많이 든다.
⑤ 복구 비용이 많이 들수록 연구 및 보전 비용도 많이 든다.

정답해설 현황파악 비용과 장기 관찰 비용은 비례관계가 성립하지 않는다. 산림생태계의 경우 현황파악 비용은 가장 많으나 장기 관찰 비용은 세 번째이고, 호소생태계의 경우 현황파악 비용은 세 번째로 많으나 장기 관찰 비용은 가장 많다. 따라서 ④는 옳지 않다.

오답해설 ① 서식처의 크기는 현황파악 비용에 비례한다고 하였으므로, 현황파악 비용이 가장 많은 산림생태계와 해양생태계의 서식처가 가장 크고, 현황파악 비용이 가장 적은 하천생태계의 서식처 크기가 가장 작다.
② 서식처의 크기는 현황파악 비용에 비례하므로, 농경생태계의 서식처 크기는 호소생태계의 서식처 크기보다 작다.

③ 서식처의 크기가 가장 작은 생태계는 하천생태계인데, 하천생태계의 경우 연구 및 보전 비용도 가장 적다.

⑤ 복구 비용이 많은 순서대로 연구 및 보전 비용도 많다.

21 다음 중 서식처 크기 대비 복구 비용이 가장 큰 생태계는?

① 산림생태계
② 해양생태계
③ 호소생태계
④ 하천생태계
⑤ 농경생태계

정답해설 서식처 크기는 현황파악 비용과 비례하므로, 현황파악 비용 대비 복구 비용을 구하면 서식처 크기 대비 복구 비용의 크기를 알 수 있다. 이를 구하면 다음과 같다.

- 산림생태계의 서식처 크기 대비 복구 비용 : $\frac{640}{100}=6.4$
- 해양생태계의 서식처 크기 대비 복구 비용 : $\frac{800}{100}=8$
- 호소생태계의 서식처 크기 대비 복구 비용 : $\frac{200}{80}=2.5$
- 하천생태계의 서식처 크기 대비 복구 비용 : $\frac{100}{30}\fallingdotseq 3.3$
- 농경생태계의 서식처 크기 대비 복구 비용 : $\frac{750}{50}=15$

따라서 서식처 크기 대비 복구 비용이 가장 큰 생태계는 농경생태계이다.

[22~23] 다음의 표는 온라인 게임의 요금체계에 관한 것이다. 어떤 온라인 게임을 하려면 사용자는 타임쿠폰제와 정액제 중 하나를 선택하여 요금을 지불하여야 하는데, 타임쿠폰은 세 종류를 원하는 대로 구입할 수 있지만 잔여 시간이 발생하여도 다음 달로 이월되지 않는다. 이러한 내용을 토대로 다음에 물음에 알맞은 답을 고르시오.

〈표〉 온라인 게임 요금 체계

종류	타임쿠폰제			정액제(1개월)
	3시간	5시간	10시간	
요 금	3,000원	5,000원	8,000원	38,900원

22 현재 갑은 가장 적은 비용으로 매달 21시간씩 게임을 즐기고 있다. 갑이 다음 달부터 게임 시간을 전보다 7시간을 더 늘리고자 할 때, 가장 적은 비용으로 게임을 하려면 다음 달에 추가로 지불해야 하는 금액은 얼마인가?

① 2,000원　② 3,000원
③ 5,000원　④ 6,000원
⑤ 8,000원

정답 해설 매달 21시간씩 게임을 즐기는데 드는 최소 비용은 타임쿠폰제 10시간제를 두 번 구입하고 3시간제를 한 번 구입하면 되므로, 총 '8,000+8,000+3,000=19,000(원)'의 비용이 든다. 게임시간을 21시간에서 7시간 더 늘려 28시간 게임을 하는데 드는 최소 비용은, 타임쿠폰제 10시간제 두 번, 5시간제 한 번, 3시간제 한 번을 구입하는 비용이 된다. 따라서 그 비용은 '8,000+8,000+5,000+3,000=24,000(원)'이 되므로, 추가로 지불해야 하는 금액은 '5,000원'이 된다.

23 정액제가 타임쿠폰제보다 더 유리한 요금제가 되기 위해서는 1개월 동안 최소 몇 시간을 초과하여 게임을 하여야 하는가?

① 46시간
② 47시간
③ 48시간
④ 49시간
⑤ 50시간

정답 해설 1개월 동안의 정액제 요금은 38,900원이다. 타임쿠폰제로 46시간을 이용하는 경우 10시간제 네 번, 3시간제 두 번을 구입해야 하므로 비용은 '32,000+6,000=38,000(원)'이 든다. 게임 이용 시간을 46시간에서 조금이라도 늘리려면 적어도 3,000원을 추가해야 하며, 그 이용 요금은 41,000원이 된다. 따라서 46시간을 초과하여 이용하는 경우 정액제가 타임쿠폰제보다 더 유리하다.

[24~25] 다음은 증권시장을 통한 자금조달 추이와 증권거래소 시장의 거래실적 추이에 대한 과거의 통계 자료이다. 이를 토대로 다음 물음에 알맞은 답을 고르시오.

〈표1〉 증권시장을 통한 자금조달 추이

(단위 : 억 원, %)

연도 \ 구분	주식	회사채	합계
1991	2,768 (30.7)	6,246 (69.3)	9,014 (100.0)
1992	4,790 (21.0)	18,040 (79.0)	22,830 (100.0)
1993	8,407 (23.5)	27,288 (76.5)	35,695 (100.0)
1994	77,700 (64.7)	42,443 (35.3)	120,143 (100.0)
1995	29,178 (20.8)	110,835 (79.2)	140,013 (100.0)
1996	23,508 (17.4)	111,373 (82.6)	134,881 (100.0)
1997	62,621 (23.8)	200,332 (76.2)	262,953 (100.0)
1998	52,858 (15.0)	299,025 (85.0)	351,883 (100.0)
1999	141,580 (20.2)	559,703 (79.8)	701,283 (100.0)
2000	143,486 (19.6)	586,628 (80.4)	730,114 (100.0)

〈표2〉 증권거래소 시장의 주식과 채권 거래실적 추이

(단위 : 억 원, %)

연도 \ 구분	주식	채권	합계
1991	19,735 (24.0)	62,457 (76.0)	82,192 (100.0)
1992	31,182 (58.1)	22,500 (41.9)	53,682 (100.0)
1993	95,981 (75.2)	31,699 (24.8)	127,680 (100.0)
1994	204,939 (73.9)	72,383 (26.1)	277,322 (100.0)
1995	543,545 (94.4)	32,503 (5.60)	576,048 (100.0)
1996	906,244 (99.3)	6,050 (0.70)	912,294 (100.0)
1997	2,297,720 (99.5)	11,689 (0.50)	2,309,409 (100.0)
1998	1,426,422 (99.0)	13,784 (1.00)	1,440,206 (100.0)
1999	1,928,452 (99.2)	15,488 (0.80)	1,943,940 (100.0)
2000	6,271,329 (95.8)	271,696 (4.20)	6,543,025 (100.0)

24 다음 중 주식 거래와 채권 거래에 있어 비율의 차이가 가장 큰 연도와 규모의 차이가 가장 큰 연도를 순서대로 바르게 나열한 것은?

① 1996년, 1997년
② 1997년, 1997년
③ 1999년, 1999년
④ 1997년, 2000년
⑤ 1999년, 2000년

정답 해설 일반적으로 거래 규모는 거래 금액의 크기를 말한다. 따라서 위의 표2에서 보듯이 주식 거래와 채권 거래에 있어 거래 비율의 차이는 1997년에 99.5%와 0.5%로 가장 크고, 거래 금액의 차이는 2000년에 대략 6백조 원 정도로 가장 크다.

25 표와 관련된 다음 설명 중 옳지 않은 것은?

① 증권시장을 통한 자금조달액의 전년대비 증가액이 가장 큰 해는 1999년이다.

② 증권시장을 통한 자금조달액 중에서 회사채에 대한 주식의 비율이 가장 큰 해는 1994년이다.

③ 주식 거래실적과 채권 거래실적의 차이가 가장 작은 해는 1992년이다.

④ 주식의 거래 규모는 채권의 경우와는 달리 1998년을 제외하고는 매년 증가하였다.

⑤ 증권시장을 통한 자금조달액이 전년도에 비해 늘어나면 증권거래소 시장의 주식과 채권의 거래실적도 각각 늘어난다.

정답 해설 표1에서 보면 1992년 자금조달액이 전년도에 비해 늘어났는데, 표2의 거래 실적에 있어서는 1992년 채권의 거래 실적이 전년도에 비해 오히려 줄었음을 알 수 있다. 따라서 ⑤는 옳지 않은 설명이다.

오답 해설 ① 표1에서 1999년 자금조달액이 전년도에 비해 약 35조 증가하여, 전년대비 증가액이 가장 컸음을 알 수 있다.

② 표1에서 회사채에 대한 주식의 비율은 1994년 64.7%로 가장 높았음을 알 수 있다.

③ 표2에서 1992년에 주식 거래와 채권 거래의 규모와 비율의 차이가 가장 작다는 것을 알 수 있다.

④ 표2에서 알 수 있듯이, 주식의 거래 규모는 1998년을 제외하고는 꾸준히 증가하였다. 이에 비해 채권의 거래 규모는 1992년과 1995년, 1996년에 감소하였다.

26 다음 〈표〉는 섬유수출액 상위 10개국과 한국의 섬유수출액 현황에 대한 자료이다. 이에 대한 설명 중 옳지 않은 것은?

〈표1〉 상위 10개국의 섬유수출액 현황(2010년)

(단위 : 억달러, %)

순위 \ 구분	국가	섬유	원단	의류	전년대비 증가율
1	중국	2,424	882	1,542	21.1
2	이탈리아	1,660	671	989	3.1
3	인도	241	129	112	14.2
4	터키	218	90	128	12.7
5	방글라데시	170	13	157	26.2
6	미국	169	122	47	19.4
7	베트남	135	27	108	28.0
8	한국	126	110	16	21.2
9	파키스탄	117	78	39	19.4
10	인도네시아	110	42	68	20.2
세계 전체		6,085	2,570	3,515	14.6

〈표2〉 한국의 섬유수출액 현황(2006~2010년)

(단위 : 억달러, %)

구분 \ 연도	2006	2007	2008	2009	2010
섬유	177 (5.0)	123 (2.1)	121 (2.0)	104 (2.0)	126 (2.1)
원단	127 (8.2)	104 (4.4)	104 (4.2)	90 (4.4)	110 (4.3)
의류	50 (2.5)	19 (0.6)	17 (0.5)	14 (0.4)	16 (0.5)

※ 괄호 안의 숫자는 세계 전체의 해당분야 수출액에서 한국의 해당분야 수출액이 차지하는 비중으로, 소수점 아래 둘째자리에서 반올림한 값임.

정답 25 ⑤ | 26 ③

① 2010년 원단수출액이 가장 많은 2개국의 합은 세계 전체 원단수출액의 50% 이상이다.

② 2010년 세계 전체의 섬유수출액은 2006년의 2배 이하이다.

③ 2010년 한국 원단수출액의 전년대비 증가율과 의류수출액의 전년대비 증가율의 차이는 10%p 이상이다.

④ 2010년 중국의 의류수출액은 세계 전체 의류수출액의 50% 이하이다.

⑤ 2010년 한국과 인도의 섬유수출액 차이는 100억 달러 이상이다.

정답 해설 2010년 한국 원단수출액의 전년대비 증가율은 '$\frac{(110-90)}{90} \times 100 \fallingdotseq 22.2(\%)$'이고, 의류수출액의 전년대비 증가율은 '$\frac{(16-14)}{14} \times 100 \fallingdotseq 14.3(\%)$'이 된다. 따라서 2010년 한국 원단수출액의 전년대비 증가율과 의류수출액의 전년대비 증가율의 차이는 10%p 미만이 된다.

오답 해설 ① 2010년 원단수출액이 가장 많은 2개국은 중국과 이탈리아이며, 중국과 이탈리아의 원단수출액 합은 '882+671=1,553(억 달러)'이다. 이는 2010년 세계 전체 원단수출액 '2,570(억 달러)'의 50% 이상이다.

② 2010년 세계 전체의 섬유수출액은 '6,085(억 달러)'이다. 〈표 2〉에서 우리나라의 2006년 섬유수출액은 177억 달러로 세계 전체 수출액의 5%를 차지하고 있으므로, 2006년 세계 전체의 섬유수출액을 x라 할 때 '$\frac{177}{x} \times 100$'가 성립한다. 따라서 '$x=177 \div 0.05 = 3,540$(억 달러)'가 된다. 따라서 2010년 세계 전체의 섬유수출액은 2006년의 2배 이하가 된다.

④ 2010년 중국의 의류수출액은 1,542억 달러이고, 세계 전체 의류수출액은 3,515억 달러이므로, 중국의 의료수출액은 세계 전체 의류수출액의 50% 이하이다.

⑤ 2010년 한국의 섬유수출액은 126억 달러이고, 인도의 섬유수출액은 241억 달러이다. 따라서 그 차이는 100억 달러 이상이 된다.

27 다음 〈표〉는 로봇 시장현황과 R&D 예산의 분야별 구성비에 대한 자료이다. 이에 대한 설명으로 옳은 것은?

〈표1〉 용도별 로봇 시장현황(2020년)

용도 \ 구분	시장 규모 (백만 달러)	수량 (천 개)	평균 단가 (천 달러/개)
제조용	9,719	178	54.6
전문 서비스용	3,340	21	159.0
개인 서비스용	1,941	4,000	0.5
전체	15,000	4,199	3.6

〈표2〉 분야별 로봇 시장규모(2018~2020년)

(단위 : 백만 달러)

용도	분야 \ 연도	2018	2019	2020
제조용	제조	8,926	9,453	9,719
전문 서비스용	건설	879	847	883
	물류	166	196	216
	의료	1,356	1,499	1,449
	국방	748	818	792
개인 서비스용	가사	454	697	799
	여가	166	524	911
	교육	436	279	231

※ 로봇의 용도 및 분야는 중복되지 않음.

〈표3〉 로봇 R&D 예산의 분야별 구성비(2020년)

(단위 : %)

분야	제조	건설	물류	의료	국방	가사	여가	교육	합계
구성비	21	13	3	22	12	12	14	3	100

정답 27 ④

① 제조 분야의 로봇 시장규모는 매년 조금씩 감소하고 있다.

② 2020년 전체 로봇 시장규모 대비 제조용 로봇 시장규모의 비중은 70% 이상이다.

③ 2020년 전문 서비스용 로봇 평균단가는 제조용 로봇 평균단가의 3배 이상이다.

④ 2020년 전체 로봇 R&D 예산 대비 전문 서비스용 로봇 R&D 예산의 비중은 50%이다.

⑤ 개인 서비스용 로봇 시장규모는 각 분야에서 매년 증가하고 있다.

정답 해설 〈표 2〉에서 전문 서비스용 로봇 분야는 건설, 물류, 의료, 국방이 있다는 것을 알 수 있다. 따라서 〈표 3〉에서 전문 서비스용 로봇 R&D 예산 비중은 '13+3+22+12=50(%)'가 된다는 것을 알 수 있다. 이는 전체 로봇 R&D 예산 비중의 50%가 되므로, ④는 옳은 설명이다.

오답 해설 ① 〈표 2〉에서 나와 있듯이, 제조 분야의 로봇 시장규모는 2018년에 8,926(백만 달러), 2019년에 9,453(백만 달러), 2020년에 9,719(백만 달러)로 지속적으로 증가하였다.

② 〈표 1〉에서 2020년 전체 로봇 시장규모는 15,000(백만 달러)이므로, 전체 시장규모의 70%는 '15,000×0.7=10,500(백만 달러)'가 된다. 그런데 2020년 제조용 로봇 시장규모는 9,719(백만 달러)이므로, 70%에 미치지 못한다.

③ 〈표 1〉에서 2020년 전문 서비스용 로봇 평균단가는 159.0(천 달러/개)이며, 제조용 로봇 평균단가의 3배는 '54.6×3=163.8(천 달러/개)'가 된다. 따라서 전문 서비스용 로봇 평균단가는 제조용 로봇 평균단가의 3배에 미치지 못한다.

⑤ 〈표 2〉에서 개인 서비스용 로봇 시장규모 중 교육 분야는 매년 감소하고 있다는 것을 알 수 있다.

28 다음 〈표〉는 2012~2014년 A국 농축수산물 생산액 상위 10개 품목에 대한 자료이다. 이에 대한 〈보기〉의 설명 중 옳은 것만을 모두 고르면?

〈표〉 A국 농축수산물 생산액 상위 10개 품목

(단위 : 억 원)

순위 \ 구분 \ 연도	2012		2013		2014	
	품목	생산액	품목	생산액	품목	생산액
1	쌀	105,046	쌀	85,368	쌀	86,800
2	돼지	23,720	돼지	37,586	돼지	54,734
3	소	18,788	소	31,479	소	38,054
4	우유	13,517	우유	15,513	닭	20,229
5	고추	10,439	닭	11,132	우유	17,384
6	닭	8,208	달걀	10,853	달걀	13,590
7	달걀	6,512	수박	8,920	오리	12,323
8	감귤	6,336	고추	8,606	고추	9,913
9	수박	5,598	감귤	8,108	인삼	9,412
10	마늘	5,324	오리	6,490	감귤	9,065
농축수산물전체		319,678		350,889		413,643

보기

ㄱ. 2013년에 비해 2014년에 우유 생산액의 순위는 떨어졌으나 우유 생산액이 농축수산물 전체 생산액에서 차지하는 비중은 증가하였다.

ㄴ. 쌀 생산액이 농축수산물 전체 생산액에서 차지하는 비중은 매년 감소하였다.

ㄷ. 상위 10위 이내에 매년 포함된 품목은 8개이다.

ㄹ. 오리 생산액은 매년 증가하였다.

① ㄱ, ㄷ
② ㄴ, ㄷ
③ ㄴ, ㄹ
④ ㄱ, ㄷ, ㄹ
⑤ ㄴ, ㄷ, ㄹ

정답 28 ⑤

ㄴ. 쌀 생산액은 2012년에서 2014년까지 '105,046 → 85,368 → 86,800(억 원)'으로 감소하다 조금 증가하고 있으나, 동일 연도 동안 농축수산물 전체 생산액은 '319,678 → 350,889 → 413,643(억 원)'으로 상대적으로 크게 증가하고 있으므로, 쌀 생산액이 농축수산물 전체 생산액에서 차지하는 비중은 매년 감소하였다고 할 수 있다. 실제 계산을 하는 경우도 대략 '32.9% → 24.3% → 21%'로 매년 감소했다.

ㄷ. 상위 10위 이내에 매년 포함된 품목은 쌀, 돼지, 소, 우유, 고추, 닭, 달걀, 감귤의 8개이다.

ㄹ. 2012년 오리 생산액은 생산액 상위 10개 품목에 포함되지 못했으므로, 10위인 마늘의 생산액인 5,324억 원 이하가 된다. 2013년의 오리 생산액은 6,490억 원, 2014년의 경우 12,323억 원으로 매년 증가하였다.

ㄱ. 우유 생산액의 순위는 2013년 4위에서 2014년 5위로 떨어졌다. 2013년의 전체 농축수산물 생산액에서 우유 생산액이 차지하는 비중은 '$\frac{15,513}{350,889} \times 100 \fallingdotseq 4.42\%$'이고, 2014년 전체 농축수산물 생산액에서 우유 생산액이 차지하는 비중은 '$\frac{17,384}{413,643} \times 100 \fallingdotseq 4.2\%$'이므로, 2013년에 비해 2014년에 우유 생산액이 농축수산물 전체 생산액에서 차지하는 비중은 감소하였다.

29 다음 〈표〉는 지난 1개월간 패밀리레스토랑 방문경험이 있는 20~35세 여성 113명을 대상으로 연령대별 방문횟수와 직업을 조사한 자료이다. 이에 대한 설명 중 적절하지 않은 것은?

〈표1〉 응답자의 연령대별 방문횟수 조사결과

(단위 : 명)

방문횟수 \ 연령대	20~25세	26~30세	31~35세	합
1회	19	12	3	34
2~3회	27	32	4	63
4~5회	6	5	2	13
6회 이상	1	2	0	3
계	53	51	9	113

〈표2〉 응답자의 직업 조사결과

(단위 : 명)

직업	응답자
학생	49
회사원	43
공무원	2
전문직	7
자영업	9
가정주부	3
계	113

※ 복수응답과 무응답은 없음.

① 전체 응답자 중 20~25세 응답자가 차지하는 비율은 50% 이하이다.

② 전체 응답자 중 26~30세인 전문직 응답자 비율은 5% 이상이다.

③ 31~35세 응답자의 1인당 평균 방문횟수는 2회 이상이다.

④ 전체 응답자 중 직업이 학생 또는 전문직인 응답자 비율은 50% 미만이다.

정답 29 ②

⑤ 전체 응답자 중 1회 방문한 응답자 비율은 30% 이상이다.

정답 해설 전체 응답자 중 전문직 응답자 비율은 대략 6.2%가 된다. 그런데 전문직 응답자의 연령대 분포는 제시되지 않았으므로, ②는 적절하지 않은 설명이 된다.

오답 해설 ① 전체 응답자 수는 113명이며, 20~25세인 응답자는 53명이므로, 전체 응답자 중 20~25세 응답자가 차지하는 비율은 '$\frac{53}{113}\times 100 ≒ 47\%$'이므로, 그 비율은 50% 이하가 된다.

③ 31~35세 응답자 수는 9명이며, 이들의 방문횟수를 최소로 잡았을 때 1인당 평균 방문횟수는 '$\frac{(1\times 3)+(2\times 4)+(4\times 2)}{9} ≒ 2.1$명'이 된다. 따라서 31~35세 응답자의 1인당 평균 방문횟수는 2회 이상이 된다.

④ 직업이 학생 또는 전문직인 응답자 수는 56명이므로, 전체 응답자(113명)의 50% 미만이 된다.

⑤ 전체 응답자는 113명이며 1회 방문한 응답자 수는 34명이므로, 전체 응답자 중 1회 방문한 응답자 비율은 '$\frac{34}{113} ≒ 30.1\%$'가 된다. 따라서 그 비율은 30% 이상이 된다.

30 갑과 을은 ○○○○공사의 걷기 대회에 참가했는데, 갑은 시속 4.25km, 을은 시속 3.75km의 속력으로 걷는다고 한다. 갑이 출발한 후 6시간 뒤 목표지점에 도착하였다고 할 때, 을은 갑이 도착한 뒤 얼마 후에 목표지점에 도착하는가?

① 36분 ② 45분
③ 48분 ④ 54분
⑤ 60분

정답해설 '거리=속력×시간'이므로, 갑이 6시간 동안 목표지점까지 걸은 거리는 '$4.25\times6=25.5$(km)'가 된다. 여기서 '시간$=\frac{거리}{속력}$'이므로, 을이 목표지점까지 걷는데 걸린 시간은 '$\frac{25.5}{3.75}=6.8$(시간)'이 된다. 따라서 을은 갑이 걸린 시간보다 0.8시간 더 걸려 도착한 셈이므로, '$60\times0.8=48$(분)' 후에 도착하게 된다.

1DAY 2DAY 3DAY

31 ○○○○공사의 2018년 신입사원 250명 중 이공계 전공자는 42%, 인문사회계 전공자는 24%, 기타 전공자가 34%이다. 신입사원 중 이공계 전공자와 인문계 전공자의 수의 차이는 몇 명인가?

① 30명 ② 35명
③ 40명 ④ 45명
⑤ 50명

정답해설 신입사원 중 이공계 전공자의 수$=250\times\frac{42}{100}=105$(명)

신입사원 중 인문사회계 전공자의 수$=250\times\frac{24}{100}=60$(명)

따라서 이공계 전공자와 인문계 전공자 수의 차이는 45명이다.

정답 30 ③ | 31 ④

32 **자동판매기에서 수금한 동전의 총 개수가 257개이다. 50원짜리 동전은 10원짜리 동전보다 15개가 적고, 100원짜리 동전은 10원짜리 동전보다 22개가 많으며, 500원짜리 동전의 합계금액은 12,500원이다. 50원짜리 동전의 합계 금액은?**

① 2,250원
② 2,500원
③ 2,750원
④ 3,000원
⑤ 3,250원

정답 해설 10원짜리 동전의 개수를 x(개)라 할 때, 나머지 동전의 개수는 다음과 같다.

50원짜리 동전의 개수 : $x-15$(개)

100원짜리 동전의 개수 : $x + 22$(개)

500원짜리 동전의 개수 : $12,500 \div 500 = 25$(개)

동전의 총 개수가 257개이므로, '$x+(x-15)+(x+22)+25=257$'이 된다.

$\therefore x=75$(개)

따라서 50원짜리 동전의 개수는 '$75-15=60$(개)'이며, 50원짜리 동전의 합계 금액은 '$50 \times 60=3,000$(원)'이다.

33 높이가 h인 곳에서 수직으로 지면에 떨어뜨리면 $\frac{3}{4}$h만큼 튀어 오르는 공을 높이가 4m인 곳에서 수직으로 떨어뜨렸을 때, 공이 정지할 때까지 움직인 거리의 합은?

① 24m
② 28m
③ 34m
④ 39m
⑤ 45m

1DAY 2DAY 3DAY

정답 해설 높이 h에서 떨어뜨려 $\frac{3}{4}h$만큼 튀어 오른 공은 다시 그 높이에서 떨어져 '$\frac{3}{4}\times\frac{3}{4}h$' 만큼 튀어 오른다.

이 높이에서 또 다시 떨어지는 경우는 '$\frac{3}{4}\times\frac{3}{4}\times\frac{3}{4}h$' 만큼 다시 튀어 오르게 된다.

따라서 높이 h에서 떨어뜨린 공이 움직인 거리의 합을 S라 할 때, 그 값은 다음과 같다.

$$S=h+\left(2\times\frac{3}{4}h\right)+\left(2\times\frac{3}{4}\times\frac{3}{4}h\right)+\left(2\times\frac{3}{4}\times\frac{3}{4}\times\frac{3}{4}h\right)+\cdots$$

$$=h+2\left\{\frac{3}{4}h+\left(\frac{3}{4}\right)^2h+\left(\frac{3}{4}\right)^3h\cdots\right\}$$

$=h+2\times\dfrac{\frac{3}{4}h}{1-\frac{3}{4}}=h+6h=7h$(첫째항이 a, 공비가 r인 등비수열의 첫째항부터 제n항까지의 합 S는 '$\dfrac{a(r^n-1)}{(r-1)}=\dfrac{a(1-r^n)}{1-r}$ (단 $r\neq1$)'이다.)

따라서 처음에 떨어뜨린 높이 h는 4(m)이므로 '$7\times4=28$(m)'이다.

정답 32 ④ | 33 ②

34 다음은 일정한 규칙에 따라 숫자를 나열한 것이다. 빈칸에 가장 알맞은 숫자는?

10 8 12 6 14 4 ( )

① 16

② 10

③ 8

④ 6

⑤ 2

정답 해설 나열된 숫자는 다음과 같은 규칙이 있다.

$10-2=8$ $8+4=12$

$12-6=6$ $6+8=14$

$14-10=4$ $4+12=(\ \ )$

따라서 '( )=16'이 된다.

35 다음은 한국가스공사의 도시가스 용도별 천연가스 도매요금에 관한 자료이다. 2020년 5월을 기준으로 한 용도별 천연가스 도매요금 중 가장 비싼 도매요금과 가장 싼 도매요금의 원료비 차이는 얼마인가?

〈표〉 도시가스 용도별 천연가스 도매요금

(2020년 5월 1일 기준, 단위 : 원/MJ)

구분		도매요금
주택용		13.5353
업무난방용		13.6558
일반용	동절기	12.1841
	하절기	11.9476
	기타	12.0005
냉난방공조용	동절기	13.2840
	하절기	8.5232
	기타	12.6905
산업용	동절기	12.4442
	하절기	11.8064
	기타	11.8779
열병합용	동절기	12.5512
	하절기	12.0527
	기타	12.2205
열전용설비용		13.9832
수송용		12.0128

※ 천연가스 도매요금=원료비(90%)+도매공급비용(10%)

① 4.61934(원/MJ)
② 4.914(원/MJ)
③ 5.1326(원/MJ)
④ 5.242(원/MJ)
⑤ 5.46(원/MJ)

정답 34 ① | 35 ②

정답 해설 도시가스 용도별 천연가스 도매요금 중 가장 비싼 것은 열전용설비용 요금으로 '13.9832(원/MJ)'이며, 가장 싼 것은 냉난방공조용 하절기 요금으로 '8.5232(원/MJ)'이다. 여기서 원료비는 도매요금의 90%를 차지하므로, 열전용설비용 요금의 원료비는 '13.9832×0.9=12.58488(원/MJ)'이며, 냉난방공조용 하절기 요금의 원료비는 '8.5232×0.9=7.67088(원/MJ)'이다. 따라서 두 요금의 원료비 차이는 '12.58488−7.67088=4.914(원/MJ)'이 된다.

36 다음의 규정에 기초할 때 특허를 받을 수 있는 발명에 해당하는 것은?

제○조 (발명의 정의) '발명'이라 함은 자연법칙을 이용한 기술적 사상의 창작으로 고도한 것을 말한다.

제○조 (특허조건) '발명'은 그 발명이 속하는 기술 분야에서 산업상 이용이 가능하여야 한다.

제○조 (식물발명특허) 무성적으로 반복생식할 수 있는 변종식물을 발명한 자는 그 발명에 대하여 특허를 받을 수 있다.

제○조 (특허를 받을 수 없는 발명) 공공의 질서 또는 선량한 풍속을 문란하게 하거나 공중의 위생을 해할 염려가 있는 발명에 대하여는 특허를 받을 수 없다.

① AIDS바이러스의 대량 생산 방법
② 구구단을 확장하여 학습효과를 높이는 학습방법
③ 혈액, 소변 등을 분석하여 데이터를 수집하는 방법
④ 유성식물로서 유성적으로 반복생산할 수 있는 식물의 재배방법
⑤ 지구표면 전체를 자외선 흡수필름으로 둘러싸는 방법

정답 해설 혈액이나 소변 등을 분석하는 데에는 여러 가지 자연법칙이 이용되며 그 분석을 통해 데이터를 수집하는 것은 기술적 사상의 창작이라 할 수 있으므로 발명에 해당한다. 또한 이러한 데이터 수집법이 필요한 경우 관련 분야에서 산업상 이용이 가능하다.

오답 해설 ① AIDS바이러스는 질병을 일으키는 바이러스이므로, 네 번째 규정 중 '공중의 위생을 해할 염려가 있는 발명'에 해당되어 특허를 받을 수 없다.

② 구구단은 일종의 학문적 규정이나 약속에 해당되어 '자연법칙'이라고 할 수 없고, 구구단의 확장도 '자연법칙을 이용한 기술적 사상의 창작'으로 볼 수 없으므로 발명이라 보기 어렵다. 또한 '기술분야에서의 산업상 이용' 가능성도 없으므로 특허를 받을 수도 없다.

④ 세 번째 규정에서 식물발명특허의 경우 '무성적으로 반복생식할 수 있는 변종식물을 발명한 자는 그 발명에 대하여 특허를 받을 수 있다'고 하였으므로, '유성식물로서 유성적으로 반복생산할 수 있는 식물의 재배방법'은 특허를 받을 수 없다.

⑤ 지구표면 전체를 자외선 흡수필름으로 둘러싸는 방법은 산업상 이용 가능성이 없으므로, 특허를 받을 수 있는 발명에 해당되지 않는다.

따라서 특허를 받을 수 있는 발명에 해당하는 것은 ③이다.

1DAY 2DAY 3DAY

37 다음은 ○○공사의 신입사원 모집에 지원한 사람의 성적과 공사의 채용조건이다. 채용조건에 따라 선발자를 결정할 경우 선발될 수 있는 사람(들)은 누구인가?

〈표〉 지원자의 성적분포

지원자	어학성적	학업성적	적성
A	95	90	80
B	85	90	95
C	80	80	80
D	90	95	75
E	95	95	90

〈채용조건〉

㉠ 모든 조건에 우선하여 어학 성적이 90점 이상인 어학 우수자를 최소한 한 명은 선발 해야 한다.

㉡ A를 선발할 경우 D를 같이 선발해야 한다.

㉢ B를 선발하는 경우 A는 선발할 수 없다.

정답 36 ③ | 37 ④

㉣ E를 선발할 경우 C를 선발해야 하지만 D는 선발할 수 없다.
㉤ B가 선발되지 않는 경우 C도 선발되지 않는다.
㉥ 적성검사 성적이 가장 낮은 사람은 선발할 수 없다.

① A ② A, D
③ C, E ④ B, C, E
⑤ A, C, D, E

〈채용조건〉의 ㉠에 따라 A와 E 중 최소한 한 명은 선발되어야 함을 알 수 있다. 이 조건을 기준으로 다른 조건을 검토하면 다음과 같다.

(가) A만 선발되는 경우
- ㉡에 따라 D도 선발된다.
- ㉢에 따라 B는 선발되지 않는다(명제의 대우가 성립함).
- ㉤에 따라 C도 선발되지 않는다.
- ㉥에 따라 적성검사 성적이 가장 낮은 D가 선발될 수 없으므로, (가)의 경우는 모순된다.

(나) E만 선발되는 경우
- ㉣에 따라 C는 선발되고, D는 선발되지 않는다.
- ㉤에 따라 B도 선발된다.

(다) A와 E가 모두 선발되는 경우는 ㉡과 ㉣, ㉡과 ㉥의 조건이 모순되므로 성립되지 않는다.
따라서 〈채용조건〉에 따라 선발될 수 있는 사람은 'E, B, C'이다.

38 다음을 근거로 할 때, 아래 〈표〉에서 A국의 전쟁 개시 가능성이 두 번째로 큰 것은?

- A국의 전쟁 개시 결정은 전권을 쥐고 있는 최고 정책 결정자가 내린다. 이 정책결정자는 기대효용(EU; Expected Utility)을 극대화하는 합리적인 행위자이다.
- 정책결정자의 전쟁 개시 결정은 다음의 등식으로부터 계산된 기대효용의 의해 좌우된다.
  EU=P(win)U(win)−P(lose)U(lose)
- P(win)는 A국이 전쟁에서 승리할 가능성이며, P(lose)는 A국이 전쟁에서 패배할 가능성이다. U(win)는 A국이 전쟁에서 승리할 경우의 효용의 크기이며, U(lose)는 A국이 전쟁에서 패배할 경우의 효용의 크기이다.

〈표〉

전쟁에서의 효용의 크기 [U(win)과 U(lose)는 동일함]	전쟁 승리 가능성		
	70%	60%	50%
70	㉠	㉡	㉢
50	㉣	㉤	

① ㉠
② ㉡
③ ㉢
④ ㉣
⑤ ㉤

정답 해설 정책결정자는 기대효용을 극대화하는 합리적 행위자이며, 전쟁 개시 결정은 기대효용의 의해 좌우된다고 했으므로, 결국 기대효용(EU)이 큰 순서대로 전쟁 개시 가능성도 크다고 할 수 있다. 전쟁 승리 가능성이 70%(0.7)이라면, 패배 가능성은 30%(0.3)가 되므로, 제시문의 산출식과 〈표〉의 자료를 통해 각각의 기대효용을 구하면 다음과 같다.

㉠ : $0.7\times70-0.3\times70=28$

㉡ : $0.6\times70-0.4\times70=14$

㉢ : $0.5\times70-0.5\times70=0$

㉣ : $0.7\times50-0.3\times50=20$

㉤ : $0.6\times50-0.4\times50=10$

따라서 A국의 전쟁 개시 가능성이 두 번째로 큰 것은 ㉣이다.

39 다음은 경제통합을 구상 중인 국가들과 그 이외 국가(갑, 을)의 통상관계에 대한 것이다. 〈표〉는 현재 갑, 을 국가가 경제통합추진 국가들과 맺고 있는 통상관계 방식을 말한다. 향후 이들 추진국가의 경제가 통합될 것으로 예상됨에 따라 갑과 을 국가가 취할 전략으로 적절한 것을 〈보기〉에서 골라 가장 바르게 짝지은 것은?

경제통합이란 경제통합을 이룩한 역내국(경제통합 회원국)에 대해서는 무역, 산업, 금융 등의 여러 분야에서 상호 간의 장벽을 완화하거나 제거함으로써 일국 내의 거래와 동일한 상황을 추구하려는 형태를 의미한다. 결국 경제통합이란 경제통합을 체결한 역내국에 대해서는 하나의 국가 내 거래와 동일하게 무역제한을 철폐하면서, 역외국가(비회원국)에 대해서는 차별적인 무역제한조치를 부과하는 제도이다.

〈표〉

구분	수출	현지생산
갑	100%	0%
을	0%	100%

보기

ㄱ. 관세를 피하기 위한 방어적 해외직접투자전략

ㄴ. 경제통합 회원국들 간의 비교우위를 고려한 합리적 해외직접투자 재배치전략

ㄷ. 경제통합지역의 잠재적 수요증가가 예측될 때의 공격적 해외직접투자전략

	갑	을
①	ㄱ, ㄴ	ㄴ, ㄷ
②	ㄱ, ㄴ	ㄱ, ㄷ
③	ㄱ, ㄷ	ㄴ, ㄷ
④	ㄴ, ㄷ	ㄱ, ㄴ
⑤	ㄴ, ㄷ	ㄱ, ㄷ

ㄱ. 경제통합의 경우 역외국의 수출에 대해서 관세 등의 차별적 무역제한 조치가 부과될 수 있으므로, ㄱ의 전략은 수출에 100% 의존하고 있는 '갑'국이 취할 수 있는 전략이다. '을'국은 100% 현지생산을 통해 통상관계가 이루어지고 있으므로 관세 부과로 인한 차별은 받지 않을 것이다.

ㄴ. 이 전략은 이미 해외투자를 하고 있는 '을'국이 비교우위를 고려하여 보다 합리적으로 재배치할 필요가 있을 때 취할 수 있는 전략이다.

ㄷ. 경제통합지역의 잠재적 수요증가가 예측될 때의 공격적 해외직접투자전략은, 새로 해외직접투자를 고려하는 '갑'국이나 이미 직접투자를 하고 있는 '을'국에게 모두 필요한 전략이라 할 수 있다.

따라서 경제통합에 따라 '갑'국은 'ㄱ, ㄷ'의 전략을, '을'국은 'ㄴ, ㄷ'의 전략을 취하는 것이 적절하다.

정답 39 ③

40 **'갑'은 ○○공사의 팀별 바둑대회를 준비하고 있다. 예선전에 참가한 사람은 모두 16명이며, '갑'은 한 팀당 4명씩 총 4팀을 구성해 단체전을 치르려고 한다. 16명 중 4단이 1명, 3단이 5명, 2단이 7명, 1단이 3명이라고 할 때, 다음의 〈조건〉을 모두 만족하는 팀 구성에 대한 설명으로 옳지 않은 것은?**

조건

㉠ 각 팀의 전체 실력(팀 구성원의 총 단수)이 동일해야 한다.

㉡ 4단이 포함된 팀에는 1단이 한 명뿐이다.

㉢ 동일 실력자가 3명이 있는 팀은 한 팀뿐이다.

① 2단이 포함되지 않은 팀이 있다.

② 3단이 한 명만 포함된 팀이 있다.

③ 한 팀에 포함된 3명의 동일 실력자는 2단이다.

④ 4단이 포함된 팀에는 3단이 포함되지 않는다.

⑤ 두 팀은 구성원의 개별 실력이 모두 같다.

정답 해설 제시된 〈조건〉에 따라 팀 구성을 살펴보면 다음과 같다.

㉠ 16명의 전체 실력(총 단수)은 '4+15+14+3 =36(단)'이므로, 각 팀의 실력이 동일하기 위해서는 각 팀이 총 9단으로 구성되어야 한다.

㉡ 4단이 포함된 팀은 '4단, 3단, 1단, 1단' 또는 '4단, 2단, 2단, 1단'으로 구성될 수 있으나, ㉡에 따라 '4단, 2단, 2단, 1단'이 되어야 한다.

㉢ 동일 실력자가 3명이 있는 팀은 한 팀뿐이라고 했는데, ㉠에 따라 이 팀의 동일 실력자는 '2단'이 될 수밖에 없으므로, 이 팀은 '3단, 2단, 2단, 2단'으로 구성된다.

㉡ · ㉢에 따라 남은 참가자는 3단 4명, 2단 2명, 1단 2명이 된다. 남은 참가자의 단 수와 ㉠에 따라 남은 팀에는 각각 3단 두 명이 들어갈 수밖에 없으므로, 두 팀은 모두 '3단, 3단, 2단, 1단'이 된다. 따라서 4팀은 '4단, 2단, 2단, 1단', '3단, 2단, 2단, 2단', '3단, 3단, 2단, 1단', '3단, 3단, 2단, 1단'으로 구성된다. 옳지 않은 것은 ①이다.

41 다음의 상황에서 아래의 결론을 도출하기 위해 필요한 가정으로 가장 적절한 것은?

〈상황〉

불임부부의 임신 가능성을 높이기 위한 방법으로 두 가지 방법이 있다. 우선 '전통적인 식이요법'은 불임부부의 체질검사를 통해 임신 가능성을 높일 수 있는 식단과 함께 건강식품을 제공하는 방법이다. 반면, '불임시술 방법'은 시험관 아기 또는 인공수정을 통해 불임여성의 임신가능성을 높이는 방법이며, 과학기술의 급격한 발달로 인해 현재는 25년 전 시술비의 1/5이면 시술이 가능하다.

〈결론〉

현재 불임시술 방법이 전통적인 식이요법보다 비용이 더 적게 든다.

① 25년 전 식이요법은 불임시술 방법보다 임신 성공률이 5배 높았다.
② 과거 25년 동안 식이요법의 방식은 다양화되었다.
③ 식이요법의 비용은 앞으로 증가하겠지만 불임시술 비용은 계속 인하될 것이다.
④ 현재 식이요법보다 불임시술을 선택하는 불임부부가 더 많다.
⑤ 25년 전 불임시술 비용은 식이요법 비용에 비해 5배 이상 더 비싸지 않았다.

정답해설 제시된 〈상황〉과 〈결론〉은, 현재의 불임시술 비용이 25년 전보다 1/5로 줄었으므로 이 방법에 의한 비용이 식이요법에 의한 방법보다 비용이 더 적다는 것이다. 따라서 이것이 성립하기 위해서는, '25년 전 불임시술 비용은 식이요법 비용에 비해 5배 이상 더 비싸지 않았다'는 가정이 필요하다. 따라서 ⑤는 가장 적절한 가정이 된다.

오답해설 ① 제시문의 결론은 두 방법의 비용에 관한 것이므로 성공률만으로 비교하는 것은 관련이 없다. 따라서 ①은 결론의 도출에 필요한 가정이라 할 수 없다.

② 과거 25년 간 식이요법의 방식이 다양해졌다는 것은 식이요법과 불임시술의 비용과는 관련이 없는 내용이다.

③ 제시문의 결론은 현재의 비용에 대한 것이므로, 앞으로의 비용변화에 대한 내용은 현재의 결론 도출에 필요한 가정이라 할 수 없다.

④ 제시문의 상황과 결론은 비용의 변화와 비교에 관한 내용이다. 따라서 어떤 방법을 더 많이 선택하는가의 문제는 제시문의 결론에서 제시한 내용과는 관련이 없다. 물론 더 많이 선택하는 방법이 비

1DAY 2DAY 3DAY

용이 더 적게 드는 것일 수도 있으나, 선택에는 비용 외에 성공확률이나 소요시간 등등 다른 모든 변수를 고려해야 하는 것이므로, 이를 비용 때문이라 결론지을 수 없다는 점에서도 타당한 답이라 볼 수 없다.

42 **정부는 우수 중소기업 지원자금을 5000억 원 한도 내에서 아래와 같은 〈지침〉에 따라 A, B, C, D기업에 배분하고자 한다. 지원 금액이 가장 많은 기업과 지원요구금액만큼 지원받지 못하는 기업을 모두 맞게 나열한 것은?**

〈지침〉

가. 평가지표별 점수 부여 : 평가지표별로 1위 기업에게는 4점, 2위는 3점, 3위는 2점, 4위는 1점을 부여한다. 다만, 부채비율이 낮을수록 순위가 높으며, 나머지 지표는 클수록 순위가 높다.

나. 기업 평가순위 부여 : 획득한 점수의 합이 큰 기업 순으로 평가순위(1위~4위)를 부여한다.

다. 지원한도

(1) 평가 순위 1위 기업에는 2000억 원, 2위는 1500억 원, 3위는 1000억 원, 4위는 500억 원까지 지원할 수 있다.

(2) 각 기업에 대한 지원한도는 순자산의 2/3로 제한된다.

라. 지원요구금액이 지원한도보다 적은 경우에는 지원요구금액 만큼만 배정한다.

〈표〉 평가지표와 각 기업의 순자산 및 지원요구금액

구분		A	B	C	D
평가지표	경상이익률(%)	5	2	1.5	3
	영업이익률(%)	5	1	2	1.5
	부채비율(%)	500	350	450	300
	매출액증가율(%)	8	10	9	11

순자산(억 원)	2,400	1,200	900	3,000
지원요구금액(억 원)	1,600	700	500	2,000

① A, B
② A, C
③ D, A
④ D, B
⑤ D, C

정답 해설 지침의 '가'와 '나'에 규정된 대로 평가지표별 점수를 부여하여 그 평가순위를 부여하고, '다'와 '라'에 따른 지원한도와 실제 지원금액을 구하면 다음과 같다.

구분	A	B	C	D
순위(총점)	2위(10점)	3위(9점)	4위(8점)	1위(13점)
순자산	2,400	1,200	900	3,000
각 기업에 대한 지원한도	1,600(순자산의 2/3)	800(순자산의 2/3)	600(순자산의 2/3)	2,000(순자산의 2/3)
지원요구금액	1,600	700	500	2,000
기업별 실제 지원금액	1,500	700	500	2,000

따라서 지원 금액이 가장 많은 기업은 2,000억원을 지원한 D기업이고, 지원요구 금액만큼 지원받지 못하는 기업은 A기업이다.

정답 42 ③

43 다음 글을 근거로 판단할 때, 〈보기〉에서 옳은 것만을 모두 고르면?

전 세계 벼 재배면적의 90%가 아시아에 분포한다. 현재 벼를 재배하는 면적을 나라별로 보면, 인도가 4,300헥타르로 가장 넓고, 중국이 3,300헥타르로 그 다음을 잇고 있으며, 인도네시아, 방글라데시, 베트남, 타이, 미얀마, 일본의 순으로 이어지고 있다. A국은 일본 다음이다.

반면 쌀을 가장 많이 생산하고 있는 나라는 중국으로 전 세계 생산량의 30%를 차지하고 있으며, 그 다음이 20%를 생산하는 인도이다. 단위면적 당 쌀 생산량을 보면 A국이 헥타르 당 5.0톤으로 가장 많고 일본이 헥타르 당 4.5톤이다. A국의 단위면적 당 쌀 생산량은 인도의 3배에 달하는 수치로 현재 A국의 단위면적 당 쌀 생산능력은 세계에서 제일 높다.

보기

ㄱ. 인도의 단위면적 당 쌀 생산량은 중국의 절반 정도의 수준이다.

ㄴ. 일본의 벼 재배면적이 A국보다 400헥타르가 크다면, 일본의 연간 쌀 생산량은 A국보다 많다.

ㄷ. 인도의 연간 쌀 생산량은 8,000톤 이상이다.

① ㄱ
② ㄴ
③ ㄷ
④ ㄱ, ㄴ
⑤ ㄴ, ㄷ

ㄱ. 전 세계 생산량을 100만톤으로 가정한다면, 중국은 전 세계 생산량의 30%를 차지하고 있으므로 30만톤을 생산하며, 인도는 20%인 20만톤을 생산하는 셈이 된다. 단위면적 당 쌀 생산량을 비교하면, 인도는 4,300헥타르에서 20만톤을 생산하므로 1헥타르당 46.5톤 정도를 생산하는 셈이며, 중국은 3,300헥타르에서 30만톤을 생산하므로 1헥타르당 90.9톤 정도를 생산하는 셈이 된다. 따라서 인도의 단위면적 당 쌀 생산량은 중국의 절반 정도의 수준이 된다.

ㄴ. 일본의 벼 재배면적이 A국보다 400헥타르가 크다고 하였는데, 일본의 벼 재배면적은 중국(3,300헥타르)보다 작으므로 A국의 경우는 2,900헥타르를 넘지 못한다. 따라서 A국의 연간 쌀 생산량은 최대 '$2,900 \times 5$(톤)$=14,500$(톤)'을 넘을 수 없다. 이 경우 일본의 연간 쌀 생산량은 '$3,300 \times 4.5$(톤)$=14,850$(톤)'이 되므로, 일본의 연간 쌀 생산량은 A국보다 많다는 것을 알 수 있다.

오답해설 ㄷ. 인도의 벼 재배면적은 4,300헥타르이며, 인도의 단위면적 당 쌀 생산량은 A국의 단위면적 당 쌀 생산량의 1/3 수준이라 하였으므로 대략 '1.67(톤)' 정도가 된다. 따라서 인도의 연간 쌀 생산량은 '4,300×1.67=7,181(톤)' 정도가 되므로, 8,000톤 이하가 된다.

[44~45] 다음 자료는 비만 정도를 측정하는 대표적인 두 가지 방법을 설명한 것이다. 물음에 알맞은 답을 고르시오.

과다한 영양소 섭취와 적은 체내 에너지 소비로 인한 에너지 대사의 불균형으로 지방이 체내에 지나치게 축적되어 체중이 과다해지는 것을 비만이라 한다.

비만 정도를 측정하는 방법은 Broca 보정식과 체질량 지수를 이용하는 것이 대표적이다. Broca 보정식은 신장과 체중을 이용하여 비만 정도를 측정하는 간단한 방법이다. 이 방법에 의하면 신장(cm)에서 100을 뺀 수치에 0.9를 곱한 수치가 '표준체중(kg)'이며, 표준체중의 110% 이상 120% 미만의 체중을 '체중과잉', 120% 이상의 체중을 '비만'이라고 한다.

한편 체질량 지수는 체중(kg)을 '신장(m)'의 제곱으로 나눈 값을 의미한다. 체질량 지수에 따른 비만 정도는 다음 〈표〉와 같다.

〈표〉

체질량 지수	비만 정도
18.5 미만	저체중
18.5 이상~23.0 미만	정상
23.0 이상~25.0 미만	과체중
25.0 이상~30.0 미만	경도비만
30.0 이상~35.0 미만	중등도비만
35.0 이상	고도비만

44 **'갑'은 신장이 173cm, 체중이 79kg이며, '을'은 신장 185cm에 체중 91kg이라고 한다. Broca 보정식을 통해 두 사람의 비만 정도를 구한 것으로 모두 옳게 연결된 것은?**

① 갑 – 비만, 을 – 비만
② 갑 – 비만, 을 – 체중과잉
③ 갑 – 체중과잉, 을 – 비만
④ 갑 – 체중과잉, 을 – 체중과잉
⑤ 갑 – 체중과잉, 을 – 표준체중

정답해설 Broca 보정식을 통해 갑의 표준체중을 구하면 '(173−100)×0.9=65.7kg'이 된다. 갑의 체중은 79kg이므로, '$\frac{79}{65.7}\times 100 ≒ 120.2\%$'가 되어 '비만'에 해당한다. 을의 표준체중은 '(185−100)×0.9=76.5kg'이 된다. 을의 체중은 91kg이므로, '$\frac{91}{76.5}\times 100 ≒ 119\%$'가 되어 '체중과잉'에 해당한다.

45 **'병'은 3년 전에 신장이 175cm, 체중 62㎏이였다. 현재 '병'의 신장은 그대로이나 체중은 3년 전보다 15%가 증가하였다고 한다. '병'의 현재 체질량 지수에 따른 비만 정도로 알맞은 것은?**

① 저체중
② 정상
③ 과체중
④ 경도비만
⑤ 중등도비만

정답해설 병의 현재 몸무게는 '62×1.15=71.3kg'이 된다. 병의 현재 체질량 지수를 구하면, '$\frac{71.3}{(1.75)^2} ≒ 23.3$'이므로, 과체중에 해당한다.

46 다음 〈상황〉에서 제기된 문제를 아래의 〈관련 법률〉 내용에 근거하여 해결할 때, 적절하지 않은 것은?

〈상황〉

갑은 부동산임대업을 할 목적으로 을로부터 건물을 매수하였고 계약의 이행이 이루어졌다. 그 후 6개월이 지나서 건물의 하자를 발견한 갑은 지체 없이 을에게 건물매매계약의 취소를 요구하였다.

〈관련 법률〉

㉠ 상법 제○조 및 제◇◇조에 의하면, '부동산의 임대차를 영업으로 하면 이를 상행위로 보고 상행위를 하면 상인의 자격을 가진다.'라고 되어 있으며, 상법 제□□조에 의하면 '상인이 영업을 위하여 하는 행위는 상행위로 보고'있고, '상인의 행위는 영업을 위하여 하는 것으로 추정한다.'라고 규정되어 있다.

㉡ 상법 제△△조 제1항에 의하면, '상인 간의 매매에 있어서 매수인이 목적물을 수령한 때에는 지체 없이 이를 검사하여야 하며, 하자 또는 수량의 부족을 발견한 경우에 즉시 매도인에게 그 통지를 발송하지 아니하면 이로 인한 계약해제, 대금감액 또는 손해배상을 청구하지 못한다. 매매의 목적물에 즉시 발견할 수 없는 하자가 있는 경우에 매수인이 6월 내에 이를 발견한 때에도 같다.'라고 규정되어 있다.

㉢ 민법 제□□□조 및 제○○○조에 의하면, '민사매매의 경우 매수인은 목적물의 하자를 안 날로부터 6월 내에 계약의 해제 또는 손해배상청구권을 행사할 수 있다.'라고 되어 있다.

① 문제해결을 위해서 우선 확인되어야 할 사항은 X가 상인의 자격을 언제부터 가지고 있었는가 하는 점이다.
② X와 Y가 모두 상인의 자격을 가졌다면, X는 Y에 대하여 책임을 물을 수 없다.
③ X와 Y가 모두 상인의 자격을 가지지 못했다면, X는 Y에 대하여 책임을 물을 수 있다.
④ X가 상인의 자격을 가졌고 Y는 상인의 자격을 가지지 못했다면, Y는 X에 대하여 건물의 하자에 대한 책임을 져야 한다.
⑤ X가 상인의 자격을 가지지 못했고 Y는 상인의 자격을 가졌다면, X는 Y에 대하여 건물의 하자에 대한 책임을 물을 수 없다.

정답 44 ② | 45 ③ | 46 ⑤

제시된 〈상황〉에서는 매매계약 후 6개월이 지나서 취소해달라고 요구하고 있다. 그런데 ㉡과 ㉢의 규정내용을 통해, 상법상 목적물의 하자로 인한 계약해제는 매수인이 6월 내에 청구할 수 있으며, 민법상의 매매에 대한 계약해제는 매수인이 하자를 안 날로부터 6월 내에 청구할 수 있음을 알 수 있다. 따라서 위의 〈상황〉에 상법이 적용되느냐 민법이 적용되느냐에 따라 계약해제의 성립여부가 달라진다. 여기서 주의할 점은, ㉡에서 상법의 해당 규정은 '상인간의 매매'에만 적용된다는 것이다. 따라서 '상인간의 매매'가 아니라면 민법이 적용되는 민사매매에 해당된다고 할 수 있다.

상인간의 매매의 경우에만 상법의 규정이 적용되므로, 당사자 중의 한 명이 상인의 자격을 가지지 못했다면 민법의 규정이 적용된다. 따라서 ⑤의 경우 갑이 상인의 자격을 가지지 못했다면 민사매매의 매수인에 해당되므로, 을에 대하여 건물의 하자에 대한 책임을 물을 수 있다.

① 문제에서 갑이 계약 당시 상인의 자격이 없었다면 을의 신분과 상관없이 민사매매의 매수인이 되어 계약의 취소를 요구할 수 있으므로, 갑이 상인의 자격을 언제부터 가지고 있었는가는 문제해결을 위해서 우선 확인할 사항이 된다.

② 갑과 을 모두 상인의 자격을 가졌다면 아래 제시문의 두 번째 '상인간의 매매'에 해당되므로, 갑은 을에 대하여 책임을 물을 수 없다.

③ 갑과 을 모두 상인의 자격을 가지지 못했다면 아래 제시문의 세 번째 '민사매매'에 해당된다. 따라서 이 경우 갑은 을에게 책임을 물을 수 있다.

④ 상인간의 매매의 경우에만 상법의 규정이 적용되므로, 갑이 상인의 자격을 가졌고 을은 상인의 자격을 가지지 못했다면 민법 규정이 적용된다. 따라서 을은 갑에 대하여 건물의 하자에 대한 책임을 져야 한다.

47 다음 〈상황〉과 〈표〉를 근거로 판단할 때, 여섯 사람이 서울을 출발하여 대전에 도착할 수 있는 가장 이른 예정시각은? (단, 다른 조건은 고려하지 않는다)

〈상황〉

○○공사의 동기 6명은 연수에 참가하기 위해 같은 고속버스를 타고 함께 대전으로 가려고 한다. 고속버스터미널에는 은행, 편의점, 화장실, 패스트푸드점, 서점 등이 있다. 다음은 고속버스터미널에 도착해서 나눈 대화내용이다.

A : 버스표를 사야하니 저쪽 은행에 가서 현금을 찾아올게.

B : 그럼 그 사이에 난 잠깐 저쪽 편의점에서 간단히 먹을 김밥이라도 사올게.

C : 그럼 난 잠깐 화장실에 다녀올게. 그리고 저기 보이는 패스트푸드점에서 햄버거라도 사와야겠어. 너무 배고프네.

D : 나는 버스에서 읽을 책을 서점에서 사야지. 그리고 화장실도 들러야겠어.

E : 그럼 난 여기서 F랑 기다리고 있을게.

F : 지금이 오전 11시 50분이니까 다들 각자 볼일 마치고 빨리 돌아와.

각 시설별 이용 소요시간은 은행 30분, 편의점 10분, 화장실 20분, 패스트푸드점 25분, 서점 20분이다.

〈표〉

서울 출발 시각	대전 도착 예정시각	잔여좌석 수
12:00	14:00	7
12:15	14:15	12
12:30	14:30	9
12:45	14:45	5
13:00	15:00	10
13:20	15:20	15
13:40	15:40	6
14:00	16:00	8
14:15	16:15	21

정답 47 ③

① 14:15
② 14:45
③ 15:00
④ 15:20
⑤ 16:15

정답 해설 〈상황〉을 통해 각자 볼일을 보는데 A는 30분(은행), B는 10분(편의점), C는 45분(화장실+패스트푸드점), D는 40분(서점+화장실)이 소요된다는 것을 알 수 있다. 따라서 지금 시간이 오전 11시 50분이므로, 모두 돌아오는 시간은 12시 35분이 된다. 그런데 12시 45분 버스의 경우 잔여좌석 수가 5개뿐이므로, 다음의 13시 버스를 타야 한다. 따라서 대전에 도착할 수 있는 가장 이른 예정시각은 15시가 된다.

48 다음 글을 근거로 판단할 때 ○○년 9월 1일의 요일은?

○○년 8월의 첫날 팀장 A는 LPG 원료비 변동예측에 관한 보고서를 이달 내에 제출하라고 B에게 지시하였다. B는 8월의 마지막 월요일인 네 번째 월요일에 보고서를 제출하려 하였으나, A팀장의 외근으로 제출하지 못했고, 8월의 마지막 금요일인 네 번째 금요일에 제출하였다.

※ 날짜는 양력 기준

① 월요일
② 화요일
③ 수요일
④ 목요일
⑤ 금요일

정답 해설 8월은 31일까지 있으므로, 월요일이 네 번만 있기 위해서는 8월 1일이 '화, 수, 목, 금' 중의 하나이어야 한다. 그런데 8월 1일~3일까지에 해당하는 요일은 8월에 모두 다섯 번이 돌아오므로, 금요일은 8월 4일 이후가 되어야 한다. 그런데 금요일이 8월 5일~7일이 되는 경우, 월요일은 8월 1일~3일이 되므로, 적합하지 않다. 따라서 8월 4일이 금요일이 되어야 한다. 4일이 금요일인 경우 8월 31일은 목요일이므로, 9월 1일은 금요일이 된다.

[49~50] 다음 제시문을 읽고 물음에 알맞은 답을 고르시오.

[바코드 생성 방법]

- 1~3번 자리 : 국가식별코드
- 4~7번 자리 : 제조업체번호
- 8~12번 자리 : 상품품목번호
- 13번 자리 = 판독검증용 기호(난수)

[국가별 바코드 번호]

국 가	번 호	국 가	번 호	국 가	번 호
한국	880	그리스	520	멕시코	750
일본	450~459	중국	690~695	콜롬비아	770
필리핀	480	노르웨이	700~709	싱가포르	888

[제조업체별 바코드 번호]

제조업체	번 호	제조업체	번 호	제조업체	번 호
A	1062	B	1684	C	1182
D	1128	E	2564	F	1648
G	6185	H	8197	I	2654

[상품품목별 바코드 번호]

상품품목	번 호	상품품목	번 호	상품품목	번 호
스낵류	64064	양념류	23598	바디케어	14589
캔디류	72434	통조림	64078	스킨케어	15489
파이류	72440	음료수	72444	메이크업	32335

정답 48 ⑤

49 **한 수입 제품의 바코드 번호를 확인하니, '4801648724349'였다. 이에 대한 정보를 모두 옳게 연결한 것은?**

	국가	제조업체	상품품목
①	일본	F	캔디류
②	일본	B	파이류
③	필리핀	F	파이류
④	필리핀	F	캔디류
⑤	멕시코	B	캔디류

정답해설 국가별 바코드 번호가 '480'이므로 필리핀에서 수입한 제품이다. 제조업체의 바코드 번호가 '1648'이므로, 'F'사가 제조업체가 된다. 상품품목의 바코드 번호는 '72434'이므로, 캔디류이다.

50 국내의 C업체에서 생산한 음료제품의 바코드 번호로 가장 알맞은 것은?

① 8801128724445

② 8801182724404

③ 8881182724440

④ 8801128724409

⑤ 8801182724442

1DAY 2DAY 3DAY

정답해설 한국의 C업체에서 생산한 음료제품이므로, 국가별 바코드는 '880', 제조업체의 바코드는 '1182', 음료제품의 바코드는 '72444'가 된다. 따라서 모두 일치하는 것은 ⑤이다.

오답해설 ① 제조업체의 바코드 번호가 '1128'이므로, D업체가 된다.
② 상품품목의 바코드 번호가 '72440'이므로, 파이류가 된다.
③ 국가의 바코드 번호가 '888'이므로, 싱가포르이다.
④ 제조업체가 D업체이며, 상품품목은 파이류이다.

부록

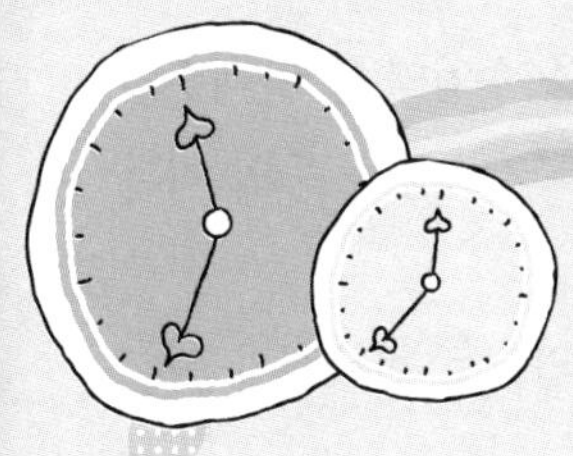

01 공공기관

1 〉 공공기관이란?

정부의 출연 · 출자 또는 정부의 재정지원 등으로 설립 · 운영되는 기관으로서 공공기관의 운영에 관한 법률 제4조 1항 각 호의 요건에 해당하여 기획부장관이 지정한 기관

2 〉 공공기관의 유형

① 공기업

㉠ 지원 정원이 50인 이상이고, 자체수입이 총수입액의 2분의 1 이상인 공공기관 중에서 기획재정 장관이 지정한 기관

㉡ 국가 또는 지방자치단체가 소유와 경영의 주체가 되어 재화나 용역을 공급하는 기업

- **시장형 공기업** : 자산규모가 2조 원 이상이고, 총 수입액 중 자체수입이 85% 이상인 공기업으로 한국석유공사, 한국가스공사 등의 기관이다.
- **준시장형 공기업** : 시장형 공기업이 아닌 공기업으로 한국관광공사, 한국방송광고공사 등의 기관이다.

② 준정부기관

직원 정원이 50인 이상이고, 공기업이 아닌 공공기관 중에서 기획재정부장관이 지정한 기관

- **기금관리형 준정부기관** : 국가재정법에 따라 기금을 관리하거나, 기금의 관리를 위탁받은 준정부기관으로써 서울올림픽기념국민체육진흥공단,

한국문화예술위원회 등의 기관이다.

- 위탁집행형 준정부기관 : 기금관리형 준정부기관이 아닌 준정부기관으로써 한국교육학술정보원, 한국과학창의재단 등의 기관이다.

③ 기타 공공기관

공기업, 준정부기관이 아닌 공공기관으로 176개 기관이다.

유형 구분		공통 요건	지정 요건(원칙)
공기업	시장형	자체 수입비율 ≥ 50% 직원 정원 ≥ 50인	자체 수입비율 ≥ 85%인 기관 (& 자산 2조 원 이상)
	준시장형	자체 수입비율 ≥ 50% 직원 정원 ≥ 50인	자체 수입비율 50~85%
준정부기관	기금관리형	자체 수입비율 〈 50% 직원 정원 〈 50인	중앙정부 기금을 관리하는 기관
	위탁집행형	자체 수입비율 〈 50% 직원 정원 〈 50인	기금관리형이 아닌 준정부기관
기타 공공기관		공기업 · 준정부기관을 제외한 공공기관	

3 공기업(공사 · 공단) 분류

① 공사

공공성과 기업을 조화시킨 독립된 특수법인

- 정부투자기관(50% 이상) : 조폐공사, 한국전력공사, 도로공사, 중소기업은행 등
- 정부출자기관(50% 미만) : 가스공사, 감정원, 한국전력기술 공사 등

② 공단

경제 또는 국가적 사회정책사업을 수행하기 위한 특수법인으로 한국산업인력공단, 교통안전공단, 국민연금공단 등이 있다.

4 〉 우리나라 공기업

시장형 공기업 (14)	• 지경부 – 한국가스공사, 한국석유공사, 한국전력공사, 한국지역난방공사, 한국중부발전(주), 한국수력원자력(주), 한국서부발전(주), 한국동서발전(주), 한국남부발전(주), 한국남동발전(주) • 국토부 – 인천국제공항공사, 한국공항공사, 부산항만공사, 인천항만공사
준시장형 공기업 (16)	• 재정부 – 한국조폐공사 • 문화부 – 한국관광공사 • 농식품부 – 한국마사회 • 지경부 – 한국광물자원공사, 대한석탄공사 • 국토부 – 대한주택보증주식회사, 제주국제자유도시개발센터, 한국감정원, 한국도로공사, 한국수자원공사, 한국토지주택공사, 한국철도공사, 여수광양항만공사, 울산항만공사, 해양환경관리공단 • 방통위 – 한국방송광고진흥공사
기금관리형 준정부기관 (17)	• 교과부 – 사립학교교직원연금공단(행안부) 공무원연금공단 • 문화부 – 영화진흥위원회, 서울올림픽기념국민체육진흥공단, 한국문화예술위원회, 한국언론진흥재단 • 지경부 – 한국무역보험공사, 한국방사성폐기물관리공단 • 복지부 – 국민연금공단 • 고용부 – 근로복지공단 • 금융위 – 한국자산관리공사, 기술신용보증기금, 신용보증기금,예금보험공사, 한국주택금융공사 • 방통위 – 한국방송통신전파진흥원 • 중기청 – 중소기업진흥공단
위탁집행형 준정부기관 (70)	• 교과부 – 한국교육학술정보원, 한국과학창의재단, 한국연구재단, 한국장학재단 • 행안부 – 한국승강기안전관리원, 한국정보화진흥원 • 문화부 – 국제방송교류재단, 한국콘텐츠진흥원 • 농식품부 – 한국농수산식품유통공사, 축산물품질평가원, 한국농어촌공사, 한국수산자원관리공단, 축산물위해요소중점관리기준원, 농림수산식품기술기획평가원, 농림수산식품교육문화정보원 • 복지부 – 건강보험심사평가원, 국민건강보험공단, 한국보건산업진흥원,한국노인인력개발원, 한국보건복지정보개발원, 한국보건복지인력개발원 • 환경부 – 국립공원관리공단, 한국환경공단, 한국환경산업기술원

위탁집행형 준정부기관 (70)	• 고용부 – 한국고용정보원, 한국산업안전보건공단, 한국산업인력공단, 한국장애인고용공단, 한국승강기안전기술원 • 여가부 – 한국청소년상담복지개발원, 한국청소년활동진흥원 • 국토부 – 교통안전공단, 한국건설교통기술평가원, 한국시설안전공단, 한국철도시설공단, 대한지적공사, 선박안전기술공단, 한국해양수산연수원
위탁집행형 준정부기관 (70)	• 공정위 – 한국소비자원 • 금융위 – 한국예탁결제원, 한국거래소 • 방통위 – 한국인터넷진흥원 • 안전위 – 한국원자력안전기술원 • 보훈처 – 독립기념관, 한국보훈복지의료공단 • 산림청 – 한국임업진흥원 • 경찰청 – 도로교통공단 • 방재청– 한국소방산업기술원 • 농진청 – 농업기술실용화재단 • 중기청 – 중소기업기술정보진흥원, 소상공인진흥원 • 기상청 – 한국기상산업진흥원
기타 공공기관 (178)	• 총리실 – 경제인문사회연구회, 과학기술정책연구원, 국토연구원, 대외경제정책연구원, 산업연구원, 에너지경제연구원, 정보통신정책연구원, 통일연구원, 한국개발연구원, 한국교육개발원, 한국교육과정평가원, 한국교통연구원, 한국노동연구원, 한국농촌경제연구원, 한국법제연구원, 한국보건사회연구원, 한국여성정책연구원, 한국조세연구원, 한국직업능력개발원, 한국청소년정책연구원, 한국해양수산개발원, 한국행정연구원, 한국형사정책연구원, 한국환경정책평가연구원 • 재정부 – 한국수출입은행, 한국투자공사 • 교과부 – 강릉원주대학교치과병원, 강원대학교병원, 경북대학교병원, 경상대학교병원, 동북아역사재단, 한국고전번역원, 부산대학교병원, 서울대학교병원, 서울대학교치과병원, 전남대학교병원, 전북대학교병원, 제주대학교병원, 충남대학교병원, 충북대학교병원, 한국사학진흥재단, 한국학중앙연구원, 광주과학기술원, 기초기술연구회, 대구경북과학기술원, 한국과학기술원, 한국과학기술정보연구원, 한국기초과학지원연구원, 한국생명공학연구원, 한국천문연구원, 한국표준과학연구원, 한국한의학연구원, 한국항공우주연구원, 한국과학기술연구원, 한국원자력연구원, 한국원자력의학원, 국가평생교육진흥원, 부산대학교치과병원, 기초과학연구원 • 외교부 – 한국국제협력단, 한국국제교류재단, 재외동포재단 • 통일부 – 북한이탈주민지원재단, 남북교류협력지원협회

기타 공공기관 (178)	• 법무부 – 대한법률구조공단, 정부법무공단, 한국법무보호복지공단 • 국방부 – 전쟁기념사업회, 한국국방연구원 • 행안부 – 민주화운동기념사업회 • 문화부 – 한국문화예술회관연합회, 국립박물관문화재단, 국민생활체육회, 그랜드코리아레저(주), 대한장애인체육회, 영상물등급위원회, 예술의전당, (재)명동 · 정동극장, 한국출판문화산업진흥원, 한국문학번역원, 대한체육회, 한국문화관광연구원, 한국문화예술교육진흥원, 한국문화진흥주식회사, 한국영상자료원, 한국체육산업개발(주), (재)체육인재육성재단, 게임물등급위원회, 재단법인 국악방송, 태권도진흥재단, 한국저작권위원회, 한국공예디자인문화진흥원, (재)한국공연예술센터, (재)예술경영지원센터, 세종학당재단, (재)한국문화정보센터 • 농식품부 – 가축위생방역지원본부, 한국어촌어항협회, 국제식물검역인증원, 농업정책자금관리단 • 복지부 – 국립암센터, 대한적십자사, 한국보건의료인국가시험원, 한국장애인개발원, 한국국제보건의료재단, 한국사회복지협의회, 국립중앙의료원, 한국보육진흥원, 한국건강증진재단, 한국의료분쟁조정중재원, 한국보건의료연구원 • 환경부 – 수도권매립지관리공사 • 고용부 – 학교법인한국폴리텍, 노사발전재단, 한국기술교육대학교, 한국사회적기업진흥원, 한국잡월드, 건설근로자공제회 • 여가부 – 한국양성평등교육진흥원 • 국토부 – 코레일네트웍스(주), 코레일로지스(주), 코레일유통(주), 코레일테크(주), 코레일관광개발(주), (주)한국건설관리공사, 주택관리공단(주), 주식회사 인천항보안공사, 주식회사 부산항보안공사, 한국해양과학기술진흥원, 항로표지기술협회, 한국해양과학기술원 • 금융위 – 코스콤, 한국정책금융공사 • 국과위 – 한국과학기술기획평가원 • 안전위 – 한국원자력통제기술원 • 보훈처 – 88관광개발(주) • 방사청 – 국방과학연구소, 국방기술품질원 • 문화재청 – 한국문화재보호재단 • 산림청 – 녹색사업단 • 중기청 – 시장경영진흥원, 신용보증재단중앙회, 중소기업유통센터, 한국벤처투자, 창업진흥원
기타 공공기관 (178)	• 특허청 – 한국발명진흥회, 한국특허정보원, (재)한국지식재산연구원, 한국지식재산보호협회 • 식약청 – 한국희귀의약품센터, 한국의약품안전관리원

02 인성검사

인성검사는 원만한 인간관계, 조직에의 적응, 정신질환의 유무, 정서적 안정의 정도를 파악하기 위해, 개인이 갖는 다양한 심리적 특성인 성격과 품성을 검사합니다.

1 인성검사의 목적

그동안 우리나라의 인사선발제도는 인간성 자체가 아닌 학력 · 성적 · 경력에 치중하여 시행되어 왔다. 이로 인해 선발된 직원 중 일부는 직무수행 중 정서불안과 직업 부적응 등으로 갖가지 사고 및 사건의 원인이 되기도 하였다. 인성검사는 신입사원 선발 시 1차 전형 합격자에 한해 이를 시행하여 결함자를 제외하고 적정 인재를 적재적소에 배치하는 데 그 목적이 있다고 하겠다.

2 인성검사의 유형

① **선택형** : 주어진 질문을 읽고 자신의 생각이나 성격의 알맞은 정도를 보기에서 선택하는 유형이다.

예 다음 질문을 잘 읽고 자신의 생각과 일치하거나 자신을 잘 나타내는 것을 Ⓐ ~ Ⓔ중에 고르시오.

한번 실패해도 포기하지 않고 계속 시도하는 편이다.

그렇다	약간 그렇다	그저 그렇다	별로 그렇지 않다	그렇지 않다
Ⓐ	Ⓑ	Ⓒ	Ⓓ	Ⓔ

② **비교형** : 주어진 문장을 읽고 자신의 생각이나 성격을 잘 표현한 문구를 양자택일 유형이다.

예 다음 질문을 잘 읽고 자신의 생각과 일치하거나 자신을 잘 나타내는 것을 A 또는 B중에 골라 ㅇ표 하시오.

A : 여러 사람과 조직적으로 행동하는 것을 좋아한다. ( )

B : 혼자서 자유롭게 행동하는 것을 좋아한다. ( )

3 MMPI와 MBTI

(1) MMPI 검사의 특징

세계적으로 시행되고 있는 다면적 성격검사의 하나로, 1차적으로는 정신질환이나 심리적 장애를 진단하며, 2차적으로는 수거자의 성격이나 방어기제를 평가한다. 4개의 타당도와 10개의 임상척도를 합쳐 총 14개의 척도로 구성되어 있다.

(2) MMPI 검사의 구성

① **타당성 척도** : 피검자의 왜곡된 검사태도를 탐지하고, 임상 척도의 해석을 풍부하게 해주는 보충 정보를 제공한다.

타당도 유형	측정내용
?(알 수 없다) 척도	• 무응답, 혹은 '예'와 '아니오' 모두에 대답한 개수를 확인한다. • 30개 이상이면 전체 검사자료는 타당하지 않다. • 실제로 답을 할 수 없는지 혹은 고의적인지 확인한다.
L(Lie) 척도	• 자신을 좋게 보이려는 다소 고의적이고 세련되지 못한 시도를 확인한다. • 높은 점수는 방어적 태도를 시사한다. • 너무 낮은 점수는 지나치게 솔직한 태도를 의미한다.
F(Infrequency) 척도	• 심리적 고통과 부적응의 정도를 나타내는 척도이다. • 높은 점수는 과장된 증상의 표현과 실질적인 장애를 의미한다. • 낮은 점수는 적응도가 높고 스트레스가 없음을 나타낸다.

K(Defensiveness) 척도	• 개인적 정보를 노출하지 않으려는 저항적 태도를 반영하는 척도이다. • L 척도보다는 은밀하고 세련된 방어를 나타낸다. • 높은 점수는 강한 정서적 독립성, 친밀감의 문제를 시사한다. • 낮은 점수는 솔직성, 의존성, 자신감의 부족을 시사한다.

② **임상척도** : 피검자의 비정상 행동의 종류를 측정하고, 성격진단을 통해 그 유형을 해결한다.

4 〉 MBTI(Myers–Briggs Type Indicator)

(1) MBTI 검사의 특징

융의 심리유형론을 근거로 하는 자기보고식 성격진단 또는 성격유형 검사이다. 개인이 쉽게 응답할 수 있는 자기보고 문항을 통해 각자가 인식하고 판단할 때 어떠한 영향을 미치는가를 파악하여 실생활에 응용한다. 성격유형은 모두 16개이며, 외향형과 내향형, 감각형과 직관형, 사고형과 감정형, 판단형과 인식형 등 4가지의 분리된 선호경향으로 구성된다.

(2) MBTI 검사의 구성

① **선호경향** : 교육이나 환경의 영향을 받기 이전에 이미 인간에게 잠재되어 있는 선천적 심리경향을 말한다.

선호지표	외향형(Extraversion)	내향형(Introversion)
설명	폭넓은 대인관계를 유지하며, 사교적이고 정열적이며 활동적이다.	깊이 있는 대인관계를 유지하며, 조용하고 신중하며 이해한 다음에 경험한다.

대표적 표현	• 자기외부에 주의집중 • 외부활동과 적극성 • 정열적, 활동적 • 말로 표현 • 경험한 다음에 이해 • 쉽게 알려짐	• 자기내부에 주의집중 • 내부활동과 집중력 • 조용하고 신중 • 글로 표현 • 이해한 다음에 경험 • 서서히 알려짐

선호지표	감각형(Sensing)	직관형(Intuition)
설명	오감에 의존하여 실제의 경험을 중시하며, 지금과 현재에 초점을 맞추고 정확 · 철저하게 일처리를 한다.	육감 내지 영감에 의존하며, 미래 지향적이고 가능성과 의미를 추구하며 신속 · 비약적으로 일처리를 한다.
대표적 표현	• 지금 · 현재에 초점 • 실제의 경험 • 정확 · 철저한 일처리 • 사실적 사건묘사 • 나무를 보려는 경향 • 가꾸고 추수함	• 미래 가능성에 초점 • 아이디어 • 신속 · 비약적인 일처리 • 비유 · 암시적 묘사 • 숲을 보려는 경향 • 씨뿌림

선호지표	사고형(Thinking)	감정형(Feeling)
설명	진실과 사실에 주 관심을 갖고 논리적이고 분석적이며, 객관적으로 판단한다.	사람과 관계에 주 관심을 갖고 상황적이며 정상을 참작한 설명을 한다.
대표적 표현	• 진실, 사실에 주 관심 • 원리와 원칙 • 논거, 분석적 • 맞다, 틀리다 • 규범, 기준 중시 • 지적 논평	• 사람, 관계에 주 관심 • 의미와 영향 • 상황적, 포괄적 • 좋다, 나쁘다 • 나에게 주는 의미 중시 • 우호적 협조

선호지표	판단형(Judging)	인식형(Perceiving)
설명	분명한 목적과 방향이 있으며 기한을 엄수하고 철저히 사전계획하고 체계적이다.	목적과 방향은 변화 가능하고 상황에 따라 일정이 달라지며 자율적이고 융통성이 있다.
대표적 표현	• 정리정돈과 계획 • 의지적 추진 • 신속한 결론 • 통제와 조정 • 분명한 목적의식과 방향감각 • 뚜렷한 기준과 자기의사	• 상황에 맞추는 개방성 • 이해로 수용 • 유유자적한 과정 • 융통과 적응 • 목적과 방향은 변화할 수 있다는 개방성 • 재량에 따라 처리될 수 있는 포용성

② 성격유형 : 4가지 선호지표를 조합하여 만들어진 16가지 성격유형 도표를 말한다.

성격유형	특징
ISTJ	• 신중하고 조용하며 집중력이 강하고 매사에 철저하다. • 구체적, 체계적, 사실적, 논리적, 현실적인 성격을 띠고 있으며, 신뢰할 만하다. • 만사를 체계적으로 조직화시키려고 하며 책임감이 강하다. • 성취해야 한다고 생각하는 일이면 주위의 시선에 아랑곳하지 않고 꾸준하고 건실하게 추진해 나간다.
ISFJ	• 조용하고 친근하고 책임감이 있으며 양심이 바르다. • 맡은 일에 헌신적이며 어떤 계획의 추진이나 집단에 안정감을 준다. • 매사에 철저하고 성실하고 정확하며, 기계분야에는 관심이 적다. • 필요하면 세세한 면까지도 잘 처리해 나간다. • 충실하고 동정심이 많고 타인의 감정에 민감하다.

INFJ	• 인내심이 많고 독창적이며, 필요하고 원하는 일이라면 끝까지 이루려고 한다. • 자기 일에 최선의 노력을 다한다. • 타인에게 말없이 영향력을 미치며, 양심이 바르고 다른 사람에게 따뜻한 관심을 가지고 있다. • 확고부동한 원리원칙을 중시하고, 공동선을 위하는 확신에 찬 신념을 가지고 있으므로, 사람들이 존경하며 따른다.
INTJ	• 대체로 독창적이며, 자기 아이디어나 목표를 달성하는 데 강한 추진력을 가지고 있다. • 관심을 끄는 일이라면 남의 도움이 있든 없든 이를 계획하고 추진해나가는 능력이 뛰어나다. • 회의적, 비판적, 독립적이고 확고부동하며 때로는 고집스러울 때도 많다. • 타인의 감정을 고려하고 타인의 의견에 귀를 기울이는 법을 배워야한다.

성격유형	특징
ISTP	• 차분한 방관자이다. • 조용하고 과묵하며, 절제된 호기심을 가지고 인생을 관찰하고 분석한다. • 때로는 예기치 않게 유머감각을 나타내기도 한다. • 대체로 인간관계에 관심이 없고, 기계가 어떻게 왜 작동하는지 흥미가 많다. • 논리적인 원칙에 따라 사실을 조직화하기를 좋아한다.
ISFP	• 말없이 다정하고 친절하고 민감하며 자기 능력을 뽐내지 않고 겸손하다. • 의견의 충돌을 피하고 자기 견해나 가치를 타인에게 강요하지 않는다. • 남 앞에 서서 주도해나가기보다 충실히 따르는 편이다. • 목표를 달성하기 위해 안달복달하지 않고 현재를 즐기기 때문에 일하는 데에도 여유가 있다.

INFP	• 정열적이고 충실하나 상대방을 잘 알기 전까지는 이를 드러내지 않는 편이다. • 학습, 아이디어, 언어, 자기 독립적인 일에 관심이 많다. • 어떻게 하든 이루어내기는 하지만 일을 지나치게 많이 벌이려는 경향이 있다. • 남에게 친근하기는 하지만, 많은 사람들을 동시에 만족시키려는 부담을 가지고 있다. • 물질적 소유나 물리적 환경에는 별 관심이 없다.
INTP	• 조용하고 과묵하다. • 특히 이론적 · 과학적 추구를 즐기며, 논리와 분석으로 문제를 해결하기를 좋아한다. • 주로 자기 아이디어에 관심이 많으나, 사람들의 모임이나 잡담에는 관심이 없다. • 관심의 종류가 뚜렷하므로 자기의 지적 호기심을 활용할 수 있는 분야에서 능력을 발휘할 수 있다.

성격유형	특징
ESTP	• 현실적인 문제해결에 능하다. • 근심이 없고 어떤 일이든 즐길 줄 안다. • 기계 다루는 일이나 운동을 좋아하고 친구 사귀기를 좋아한다. • 적응력이 강하고, 관용적이며, 보수적인 가치관을 가지고 있다. • 긴 설명을 싫어하며, 기계의 분해 또는 조립과 같은 실제적인 일을 다루는 데 능하다.
ESFP	• 사교적이고 태평스럽고 수용적이고 친절하며, 만사를 즐기는 형이기 때문에 다른 사람들로 하여금 일에 재미를 느끼게 한다. • 운동을 좋아하고 주위에서 벌어지는 일에 관심이 많아 끼어들기를 좋아한다. • 추상적인 이론보다는 구체적인 사실을 잘 기억하는 편이다. • 건전한 상식이나 사물 뿐 아니라 사람들을 대상으로 구체적인 능력이 요구되는 분야에서 능력을 발휘할 수 있다.

ENFP	• 따뜻하고 정열적이고 활기가 넘치며, 재능이 많고 상상력이 풍부하다. • 관심이 있는 일이라면 어떤 일이든지 척척 해낸다. • 어려운 일이라도 해결을 잘 하며 항상 남을 도와줄 태세를 갖추고 있다. • 자기 능력을 과시한 나머지 미리 준비하기보다 즉흥적으로 덤비는 경우가 많다. • 자기가 원하는 일이라면 어떠한 이유라도 갖다 붙이며 부단히 새로운 것을 찾아 나선다.
ENTP	• 민첩하고 독창적이고 안목이 넓으며 다방면에 재능이 많다. • 새로운 일을 시도하고 추진하려는 의욕이 넘치며, 새로운 문제나 복잡한 문제를 해결하는 능력이 뛰어나며 달변가이다. • 일상적이고 세부적인 면은 간과하기 쉽다. • 한 일에 관심을 가져도 부단히 새로운 것을 찾아나간다. • 자기가 원하는 일이면 논리적인 이유를 찾아내는 데 능하다.

성격유형	특징
ESTJ	• 구체적이고, 현실적이고 사실적이며, 기업 또는 기계에 재능을 타고난다. • 실용성이 없는 일에는 관심이 없으며 필요할 때 응용할 줄 안다. • 활동을 조직화하고 주도해 나가기를 좋아한다. • 타인의 감정이나 관점에 귀를 기울일 줄 알면 훌륭한 행정가가 될 수 있다.
ESFJ	• 마음이 따뜻하고, 이야기하기 좋아하고, 사람들에게 인기가 있고, 양심이 바르고, 남을 돕는 데에 타고난 기질이 있으며, 집단에서도 능동적인 구성원이다. • 조화를 중시하고 인화를 이루는 데 능하다. • 항상 남에게 잘 해주며, 격려나 칭찬을 들을 때 가장 신바람을 낸다. • 사람들에게 직접적이고 가시적인 영향을 줄 수 있는 일에 가장 관심이 많다.

ENFJ	• 주위에 민감하며 책임감이 강하다. • 다른 사람들의 생각이나 의견을 중히 여기고, 다른 사람들의 감정에 맞추어 일을 처리하려고 한다. • 편안하고 능란하게 계획을 내놓거나 집단을 이끌어 가는 능력이 있다. • 사교성이 풍부하고 인기 있고 동정심이 많다. • 남의 칭찬이나 비판에 지나치게 민감하게 반응한다.
ENTJ	• 열성이 많고 솔직하고 단호하고 통솔력이 있다. • 대중 연설과 같이 추리와 지적 담화가 요구되는 일이라면 어떤 것이든 능하다. • 보통 정보에 밝고 지식에 대한 관심과 욕구가 많다. • 때로는 실제의 자신보다 더 긍정적이거나 자신 있는 듯한 사람으로 비칠 때도 있다.

5 〉 LH공사 인성검사

(1) LH공사 인성검사는 220문항가량에 30분 정도의 시간이 주어지며, 적/부 판정에만 활용이 된다. LH공사의 인성검사는 한국행동과학연구소의 인성검사(KPDI)를 활용하고 있다.

(2) 검사유형 예시

번호	문 항	YES	NO
1	힘들고 어려운 일이라도 참고 견디면서 한다.		
2	기분이 상하는 일이 있더라도 화를 내지 않는다.		
3	자신의 능력을 자만하고 상대를 얕잡아 보는 편이다.		
4	남들보다 앞서기 위해 가끔 거짓말을 하는 경우가 있다.		
5	다른 사람이 나보다 잘되는 것을 보면 질투심이 생긴다.		
6	머리가 맑지 못하고 무거운 기분이 종종 든다.		
7	사건의 원인과 결과를 쉽게 파악하는 편이다.		

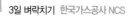

8	개인보다 팀으로 일하는 것이 더 효과적이라도 생각한다.		
9	남에게 주목받는 데 익숙하지 않다.		
10	모든 일을 처리할 때 검토에 가장 오랜 시간을 기울인다.		

03 면접

1 〉 면접이란?

일반적으로 서류심사, 필기시험, 적성검사 등을 실시한 후 최종적으로 지원자를 직접 대면해 인품 · 성격 · 언행 · 지식의 정도 등을 알아보는 구술 평가 또는 인물평가

2 〉 면접을 보는 이유

단순히 개인 신상에 대한 평가하는 것이 아니라 지원자의 기본적인 성향과 자라온 환경, 가치관, 관련 경험 등을 파악해 기업에 대한 열정, 가능성 등을 측정하기 위한 것이다.

3 〉 면접 시 주의사항

- **결론부터 말하기** : 부연 설명은 결론을 말한 다음 구체적으로 말한다.
- **올바른 경어의 사용** : 유행어는 피하며 존경어와 겸양어는 혼동하지 않는다.
- **명확한 태도** : 질문의 요지를 파악하고, '예, 아니오'를 명확히 표현한다.
- **미소** : 웃는 것은 좋지만 가벼워 보여서는 안된다. 표정관리를 해야 한다.
- **대답하는 방식** : 결론, 구체적인 예, 확인, 끝 정도의 방식을 정한다.
- **적당한 반론** : 납득이 되지 않는 것은 면접관의 기분을 상하지 않게 하는 태도로 차분히 반문한다.
- **최선을 다하기** : 대답을 잘 못했어도 포기하지 말고 최선을 다하면 상황이

좋아질 수 있다.

- **여유** : 즉흥적인 대사와 유머 등 긴장된 분위기를 푸는 여유 있는 태도가 필요하다.
- **잘못된 버릇 고치기** : 상대를 불쾌하게 만드는 행동은 주의한다.
- **확신, 긍정적 대답** : "~같습니다.", "~라고 생각됩니다." 보다는 "~입니다.", "~라고 믿습니다."와 같은 표현을 한다.
- **압박 면접 대비** : 압박면접에 대비하여 미리 대비한다.
- **첫 이미지** : 첫 이미지가 중요하기 때문에 충분히 판단하고 행동해야 한다.
- **대답 이후의 질문에 대비** : 대답을 할 때 돌아올 질문을 예상하면서 해야 이후 실수가 적다.

4 〉 면접 예상 질문

- 간단히 자기소개를 해보세요.
- 본인 성격의 장 · 단점을 말해보세요.
- 타인과 갈등이 생겼을 때 이를 어떻게 극복합니까?
- ○○회사에 지원하게 된 동기를 말해보세요.
- 이 자격증을 왜 땄는지 말해보세요.
- 본인이 이 회사에 입사 후 하고 싶은 일이나 이루고 싶은 것이 있으면 말해보세요.
- 만약 지방 또는 해외 근무지로 가야 한다면 어떻게 하기겠습니까?
- 이 회사의 전망에 대해 말해보세요.
- 마지막으로 하고 싶은 말이 있으면 해보세요.

5 면접의 유형

① 집단면접

- **정의** : 다수의 면접관이 다수의 지원자를 한꺼번에 평가하는 방법으로, 여러 명을 동시에 비교, 관찰할 수 있고, 평가에 있어 객관성을 유지할 수 있다는 장점이 있다. 대기업의 경우 1차 면접과 임원면접 시 주로 사용한다.
- **주의사항** : 자기주장만을 내세우거나, 다른 사람이 말할 때 한 눈을 팔거나, 발언 기회를 놓이고 침묵을 지키는 것은 금물이다. 집단면접은 토론하는 것이 아니므로 다른 사람을 설득시키려고 자기 의견을 지나치게 주장할 필요는 없다. 또한 면접관 한 사람이 지원자들에게 동일한 질문을 하는 경우에는 비슷한 내용을 답해도 불이익은 없지만 집단에 묻히지 말고 개성 있는 답변을 해야 하며 자신의 의견을 명확하게 밝혀야 한다.

② 토론면접

- **정의** : 지원자 여러 명에게 특정 주제를 제시하고 지원자들끼리 서로 토론을 전개하는 과정을 면접관이 관찰, 평가하는 방법이다. 지원자들이 토론을 벌이는 동안 면접관은 지원자들의 행동, 협동성, 표현력, 적응력, 문제해결능력, 창의성, 의사소통능력 등을 종합적으로 평가한다.
- **주의사항** : 집단토론 시에는 누가 발표를 잘하는가도 중요하지만 상대방의 발표를 얼마나 잘 경청하느냐가 더욱 중요하다. 과제를 수행함에 있어서 자신의 과제뿐만 아니라 팀원을 돕고 리드하는 헌신형 인재가 높이 평가됨을 명심하며 참여하여야 한다.

③ 프레젠테이션면접

- **정의** : 특정 주제에 관한 지원자 개개인의 발표로 지원자의 능력을 평가하는데 목적이 있다. 프레젠테이션면접은 전공 및 실무능력을 파악하는데 중점을 두기 때문에 지원하는 분야와 관련된 기술적인 질문이 나올

수 있다.

- 주의사항 : 정확한 답이나 지식보다는 논리적 사고와 의사표현력이 중요시되므로 어떻게 설명하는지에 초점을 두어야 한다. 지원 직무에 대한 전문지식을 쌓아두는 것이 유리하다. 자신의 발표 이후에도 다른 지원자들의 발표를 경청하는 자세를 유지하는 것이 중요하다.

④ 합숙면접

- 정의 : 합숙면접의 경우 일단 해당 기업의 버스를 타고 연구원으로 가서 모든 일정을 진행하는 것이 일반적이며 면접관과 지원자들이 함께 합숙하면서 인재를 가려낸다. 지원자들이 집합하는 순간부터 점수에 반영되지만 너무 의식하지 않는 것이 좋으며 지원자들끼리 서로 평가하는 경우도 있으므로 원활한 관계를 유지하는 것이 좋다.
- 주의사항 : 합숙면접은 개인이 아닌 팀별로 과제를 수행한다. 자기주장만 관철하려 들면 좋은 점수를 받기 어렵고, 면접관에게 자신이 적극적으로 문제를 해결하는 성향의 인물임을 알리고 조직에 활력을 주는 인재라는 이미지를 심어줄 수 있는 것이 중요하다. 과제가 주어지면 동료들과 토의하면서 해결방안을 준비하는 지원자가 높은 점수를 받을 수 있다.